Der beste Freund des Menschen ist zwar bekanntlich nicht die Katze, aber sehr oft ist sie es eben doch – und das auf ihre ganz eigene Weise. Aus reiner Gnädigkeit, so scheint es, wählt dieses eigensinnige und geheimnisvolle Geschöpf die Freundschaft des Menschen, und wir dürfen uns glücklich schätzen, wenn wir von ihm akzeptiert werden. Selbst wenn sie schnurrend auf unserem Schoß liegt und ihre Krallen behaglich in die Polsterkissen schlägt – die Katze wird immer ein wenig fremd und rätselhaft bleiben.

Nicht nur Faszination erweckt diese Rätselhaftigkeit, sondern auch Unbehagen, Furcht oder gar eine zwiespältige Haßliebe. Und so ist es nicht verwunderlich, daß vor allem die Katze, Botin des Unheils und Gefährtin des Teufels, Edgar Allan Poe und andere Dichter zu unheimlichen Geschichten angeregt hat.

Mehr als jedes andere Tier hat dieses mysteriöse, doch vor allem anmutige und liebenswerte Tier die Dichter dazu inspiriert, ihm Prosa und Gedichte zu widmen und es dabei in den ganzen Facetten seines Wesens zu betrachten.

Und so ist hier die Rede von stolzen Katzen und unheimlichen Rächern, bornierten Angorakatern und ihren Träumen von einem Leben über den Dächern, Kätzchen, Katzenmamas und Straßenkatzen – und schließlich auch vom geliebten Haustiger, der sich mit exquisiten Futtervorlieben, beharrlichen Forderungen nach Streicheleinheiten in unpassenden Momenten, halsbrecherischen »Mäuse«-Jagden und zerkratzten Polstergarnituren unentbehrlich macht.

Betrachtungen und Erzählungen, u. a. von Maxim Gorki, James Joyce, Emile Zola, Akif Pirinçci, Johann Wolfgang Goethe, Edgar Allan Poe, H. P. Lovecraft, Dorothy Sayers, Elke Heidenreich und Elsemarie Maletzke, versuchen, das Geheimnis unseres eigenwilligen Gefährten zu lösen.

Doch wenn wir die wahre Meinung der Katzen über uns Menschen erfahren wollen, sollten wir sie am besten selbst zu Wort kommen lassen.

insel taschenbuch 2763
Auf samtweichen Pfoten

Auf samtweichen Pfoten
Katzengeschichten

Ausgewählt von Günter Berg
und Jutta Kugler

Insel Verlag

Umschlagfoto: Hans Silvester/Focus

insel taschenbuch 2763
Originalausgabe
Erste Auflage 2001
© Insel Verlag Frankfurt am Main und Leipzig 2001
Alle Rechte vorbehalten,
insbesondere das der Übersetzung, des öffentlichen Vortrags
sowie der Übertragung durch Rundfunk und Fernsehen,
auch einzelner Teile.
Kein Teil des Werkes darf in irgendeiner Form
(durch Fotografie, Mikrofilm oder andere Verfahren)
ohne schriftliche Genehmigung des Verlages
reproduziert oder unter Verwendung elektronischer Systeme
verarbeitet, vervielfältigt oder verbreitet werden.
Textnachweise am Schluß des Bandes
Vertrieb durch den Suhrkamp Taschenbuch Verlag
Umschlag: Elke Dörr
Satz: Hümmer GmbH, Waldbüttelbrunn
Druck: Nomos Verlagsgesellschaft, Baden-Baden
Printed in Germany

1 2 3 4 5 6 – 06 05 04 03 02 01

Inhalt

T. S. ELIOT: Wie heißen die Katzen 9

ELSEMARIE MALETZKE: Lili, faß! 11

ÉMILE ZOLA: Das Katzenparadies 16

RUDYARD KIPLING: Die Katze geht ihre eigenen Wege . . 22

JOHANN WOLFGANG GOETHE: Die betende Katze 35

H. P. LOVECRAFT: Die Katzen von Ulthar 37

EDGAR ALLAN POE: Der schwarze Kater 42

JAMES JOYCE: Die Katze und der Teufel 56

MAXIM GORKI: Sasubrina 59

DOROTHY SAYERS: Die Moschuskatze 69

AKIF PIRINÇCI: Francis und Gustav ziehen um 85

KAREL ČAPEK: So denkt die Katze 102

ANJA MEULENBELT: Saar und Pu 104

MARY E. WILKINS FREEMAN: Die Katze 119

KAREL ČAPEK: Noch einmal die Katze 129

ELKE HEIDENREICH: Liebe Klara 133

Textnachweise 138

Wie heißen die Katzen

Wie heißen die Katzen? gehört zu den kniffligsten Fragen
   Und nicht in die Rätselecke für jumperstrickende
                               Damen.
Ich darf Ihnen, ganz im Vertrauen, sagen:
   Eine jede Katze hat *drei verschiedene Namen.*

Zunächst den Namen für Hausgebrauch und Familie
   Wie Paul oder Moritz (in ungefähr diesem Rahmen),
Oder Max oder Peter oder auch Petersilie –
   Kurz, lauter vernünft'ge, alltägliche Namen.
Oder, hübscher noch, Murr oder Fangemaus

   Oder auch, nach den Mustern aus klassischen Dramen:
Iphigenie, Orest oder Menelaus –
   Also immer noch ziemlich vernünft'ge, alltägliche
                               Namen.
Doch nun zu dem nächsten Namen, dem zweiten:
   Den muß man besonders und anders entwickeln.
Sonst könnten die Katzen nicht königlich schreiten,
   Noch gar mit erhobenem Schwanz perpendikeln.
Zu solchen Namen zählt beispielsweise
   Schnurroaster, Tatzitus, Katzastrophal,
Kralline, Nick Kater und Kratzeleise –
   Und jeden der Namen gibt's nur einmal.
Doch schließlich hat jede noch einen dritten!

Ihn kennt nur die Katze und gibt ihn nicht preis.
Da nützt kein Scharfsinn, da hilft kein Bitten.
   Sie bleibt die einzige, die ihn weiß.
Sooft sie versunken, versonnen und

Verträumt vor sich hin starrt, ihr Herren und Damen,
Hat's immer und immer den gleichen Grund:
Dann denkt sie und denkt sie an diesen Namen –

Den unaussprechlichen, unausgesprochenen,
Den ausgesprochenen unaussprechlichen,
Geheimnisvoll dritten Namen.

Lili, faß!

Wie ich, ein halbwegs aufgeweckter Mensch, mit so einer dummen Nuß wie meiner Katze Lili zusammenleben kann, ist mir jeden neuen Tag, der über ihrer Schusseligkeit aufgeht, ein Rätsel. Einen Mann, der meine Schuhe im Schrank durcheinanderwirft und sonst nichts zum Gelingen der Partnerschaft beiträgt, könnte ich bitten auszuziehen. Aber wie kündige ich einer Katze, die sich sturheil auf mich verläßt, im übrigen aber nie gelernt hat, auch nur die Türe hinter sich zu schließen? »Lili, es zieht!« Phh! – Und kein Gedanke, selbst ein wenig für sich aufzukommen oder nützlich zu wirken. Leichter Sport, im Herbst die lebensmüden Brummer von der Fensterscheibe zu tatzeln und aufzufressen, als sei's Geziefer unübertroffen delikat. Aber wehe, das Dosenfutter ist mal nicht von der ersten Sorte. »Du verschnobbtes Tier, die Katzen in Indien wären froh...« Ph! Ph! Dann stirbt sie eben auch, ehe sie diesen Fraß anrührt. Vom Katzenteller stinkt's; der Brummer legt die letzten Eier drauf; ich geh' ein Viertel Hühnerherzen kaufen. Das nennt man Wohngemeinschaft.

Meine Katze Lili trug ursprünglich den Namen Tigerlili, weil ich sie gerne für ein mutiges, freischweifendes Tier halten wollte. Sie hatte, als ich sie vor dreizehn Jahren aus einem verflohten Ami-Haushalt in Rödelheim bezog, noch eine Schwester, die ebenfalls bei mir Aufnahme fand, eine rotschwarz-grau gefleckte Kätzin voller Energie, Anmut und Intelligenz. Allerdings verschwand dieses erzgescheite Tier nach einem halben Jahr, offenbar ein Opfer seiner Kühnheit, im Sack eines Katzenfängers, so nehme ich an. Meine Katze Lili aber hat tadellos überlebt: strohdumm und unscheinbar, walzenförmig, mit zu kurzen Beinen und kugelrunden Augen. Wenn sie auf der Fensterbank kauert, sieht man sie kaum in ihrem graugetigerten Tarnkostüm, und ein lockendes »Miezimiezi« von der Straße löst ihre polternde Flucht ins Zimmer aus. So dient sie mir zur Anschauung, daß Schönheit kein Garant für Glück ist, daß ein Leben voller Abenteuer kurz ist und man seine Nase nicht in fremde Säcke stecken soll.

Man hört bisweilen, daß Mensch und Haustier sich im Lauf der Jahre ihres Zusammenlebens physiognomisch und charakterlich anpaßten. Der Mops-Halter neige zu Phlegma, O-Beinen, Fettwülsten um den Hals und dergleichen mehr. Das ist natürlich blanker Unfug, wissenschaftlich völlig unhaltbar und in der Praxis tausendfach widerlegt. Man denke nur, ich wollte mich wie meine Katze Lili aufführen, wie sie beim Frühsport mit Affenzahn und von den Möbeln abprallend durch die Wohnung donnert, um sich schließlich völlig desorientiert um ein Stuhlbein zu ringeln. Nein, auch in der Beziehung Mensch–Tier muß einer immer genau wissen, wo es langgeht, und das ist natürlich der Mensch. Ich habe zum Beispiel mit meiner Katze Lili eine gemeinsame Sprache auf der Basis von Gurr- und Schnalzlauten entwickelt, die sie befähigt, meine Anweisungen zu befolgen. So lautet die erste Lektion im Klartext: »Pfoten weg!«, wenn sie sich an die neubezogene Sessellehne hängt. Muß ich allerdings feststellen, daß das Biest in meiner Abwesenheit das dicke Tuch in fadenscheinige Frotteeware verwandelt, tadele ich sie im einverständlichen Idiom: »tztztz!« und wickele den Sessel in die Bügeldecke, ehe ich zum Einkaufen gehe. Zeigt auch das keine Wirkung, werfe ich ihr beim Nachhausekommen die abgerissene Lehne hinterher. Das ist die Sprache, die meine Katze Lili versteht.

Etwas haben meine Katze Lili und ich doch gemein. Wir sind beide alte Junggesellinnen; ich aus freien Stücken, sie, weil ich ihrem Treiben, das mir stinkende Kater und einen unübersichtlichen Haufen Nachwuchs in der Wohnung bescherte, durch Dr. Möller in der Wielandstraße ein Ende bereiten ließ. Seitdem herrscht Ruhe, bis auf einen unberatenen schwarzen Kerl, der manchmal durchs Parterrefenster hereinstarrt – nach Lili. Meine Affären enden so, daß ich unberatenerweise schwarzen Kerlen hinterherstarre. Soweit die Ähnlichkeit.

Oft schon habe ich bemerkt, wenn ich beim Frühstück von der Zeitung aufsehe, daß meine Katze Lili, die zur selben Zeit eine Kleinigkeit in der Küchenecke zu sich nimmt, wie in Gedanken versunken auf das Resopal neben ihrem Teller blickt. Sollte auch sie vom einsamen Mampfen angeödet sein? Möchte auch sie beim Essen ein wenig gebildet und unterhalten werden? Sollte ich neben der »Rundschau« etwas Entsprechendes abonnieren? Dumme Fragen. Selbstverständlich nicht. Meine Katze versucht sich zu erinnern, wo sie das Papierbällchen einmagaziniert hat, mit dem sie am Abend durch die Wohnung gefegt ist, und wenn ihr das eingefallen ist, ob es die Mühe lohnte, das Knäuel für eine weitere Runde unter dem Kühlschrank hervorzuangeln. Bildung? Unterhaltung? Schon die farbigen Wurst-Anzeigenblätter vom Schade gehen über ihren Horizont. Sie blättert sie nicht mal um.

Meine und Lilis Feinde sind die Amseln. Wenn eine im Baum vor dem Fenster dieses abscheuliche Zetern anfängt, weil sie meine Katze hinter der Scheibe dösen sieht, öffne ich bisweilen das Fenster und befehle: »Faß!« Was geschieht? Die Amsel kreischt empört auf, und Lili galoppiert unter das Bett. Daraufhin klatsche ich laut in die Hände und schreie in den Baum hinauf: »Verpiß dich!« Passanten auf dem Bürgersteig beziehen das manchmal auf sich und werfen mir empörte Blicke zu. Was nun? Schrot? Flammenwerfer? Oder gleich die Rolläden runterlassen?

Es kommt vor, daß ich mich meiner Katze gegenüber unbeherrscht aufführe. Das ist der Klügeren unwürdig, aber sie hat manchmal ein Benehmen an sich, das mich provoziert und erbittert. So heischt sie immer dann meine Aufmerksamkeit, wenn ich an der Schreibmaschine sitze und mit einem Text nicht vorankomme. Sie stellt sich dann vor den Heizkörper, tritt von einem Hinterbein auf das andere, versetzt ihren aufgeplusterten Schwanz in heftige, schlängelnde Zitterbewegung, als stünde sie unter Strom, und reißt dabei die Klappe zu einem fast unhörbaren Krächzen auf. Das ist so ihre Art, um Zärtlichkeit zu werben. Ich versuche zunächst, sie auf die vernünftige Art abzuweisen: »Jetzt nicht, Lili, du siehst doch, daß ich arbeite, hock dich wieder auf dein Kissen.« Aber das fruchtet nie. Oh, diese sehnsüchtigen kleinen Schreie, mit denen sie sich auf dem Teppich wälzt – gerade so weit von mir entfernt, daß ich vom Stuhl stürzen muß, um ihren Bauch zu kraulen. Und streift mein Finger dann den grauen Pelz, zuckt sie altjüngferlich zurück und entwetzt – nur um sich zwei Minuten später wieder anzuschleichen. Meine Geduld ist kurz. Ich öffne das Fenster und sage barsch: »Du nervst! Verschwinde!«, was sie unter bedauernden Quietschlauten auch tut. Spätestens wenn ich zu Bett gegangen bin, reut mich meine Herrschsucht. Ich vermisse den warmen Kloß, um den ich sonst meine Füße arrangiere, und male mir Gefahren auf Straßen und in Hinterhöfen aus. Alle zehn Minuten hänge ich am Fensterladenspalt und wispere in die Nacht hinaus: »Lili? – Lili? – swswswswswss.« Bin ich dann endlich eingeschlafen, wecken mich ihre heulenden, tiefempfundenen Klagelaute, die ankündigen, daß sie soeben nach Hause gekommen ist, bei ihrem Ausflug etwas Unbekömmliches aufgelesen hat und auf den Teppich kotzen wird.

Wenn ich verreist bin, kümmern sich zwei reizende Nachbarinnen um Lili. Das geht so weit, daß sie ihre Lese- und Fernsehstunden in meine Wohnung verlegen, um der Katze Gesellschaft zu leisten, die von soviel Zuwendung irritiert ist und allen Annäherungsversuchen quiekend entspringt. Kehre ich heim, rufe ich schon an der Tür nach ihr. Sie aber verharrt reglos und stumm auf der Fensterbank, bis ich mich installiert habe – nicht aus Trotz, sondern um sich selbst zu schonen. Der Vorgang des Kofferauspackens bringt uns nämlich wechselseitig zum Rasen; sie mit wirbelnd-durchdrehenden Stummelbeinen übers Linoleum, wenn die Zahnbürste mit einem Klack in den Becher zurückfällt. Ich wiederum muß mich über dieses schreckhafte Tier erregen, das prompt aufsucht, was seinen Nerven den Rest gibt. – Erst die Morgenstunde sieht uns in gelöster Stimmung. Der getigerte Klops zu meinen Füßen entrollt sich; hervor kommt meine Katze Lili, die mit elektrifiziert bebendem Schwanz über die vom Plumeau geräumte Matratze stakst, um ihre Stirn gegen den Bettpfosten zu rammen. Dabei gibt sie eine Folge von schnarchenden und seufzenden Lauten von sich, die ich glucksend und flüsternd beantworte, während ich ihren Schwanz durch meine Finger wickele. Dann fliegt mich wohl der Verdacht an, daß meine Katze Lili und ich allmählich zusammen alt und dumm werden, aber ein Trost erwächst mir daraus nicht.

ÉMILE ZOLA

Das Katzenparadies

Eine meiner Tanten hat mir einen Angorakater vermacht, das dümmste Tier, das ich kenne. An einem Winterabend hat mir dieses Vieh vor der heißen Asche im Kamin diese Geschichte erzählt:

I

Ich war damals zwei Jahre alt und der fetteste und naivste Kater, den man sich denken kann. In diesem zarten Alter zeigte ich den Stolz eines Tieres, das den häuslichen Herd verachtet. Und wie dankbar müßte ich doch der Vorsehung sein, daß sie mich zu Ihrer Tante geführt hat! Die gute Frau betete mich an. In der Tiefe eines Schrankes hatte ich ein richtiges Schlafzimmer, mit Federkissen und dreifacher Decke. Die Verpflegung war ebenso gut: kein Brot, keine Suppe, nur Fleisch, gutes blutiges Fleisch.

Und doch hatte ich in diesem Wohlleben nur einen Wunsch, nur eine Sehnsucht: durchs offene Fenster auf die Dächer zu entfliehen. Die Liebkosungen schienen mir abgeschmackt, mein weiches Bett war mir zuwider; ich war so fett, daß ich mich selbst nicht leiden konnte. Mein Glück langweilte mich den ganzen lieben Tag.

Ich muß bemerken, daß ich durchs Fenster das Dach des gegenüberliegenden Hauses sehen konnte, wenn ich den Hals reckte. Eines Tages balgten sich dort vier Katzen mit gesträubtem Fell und erhobenen Schwänzen unter wildem Freudengeheul auf den blauen Schieferplatten. In meinem ganzen Leben hatte ich ein so außerordentliches Ereignis noch nicht gesehen. Von diesem Tag an stand es bei mir fest: Das wahre Glück findet man nur auf dem Dach, hinter diesem Fenster, das so sorgfältig verschlossen ist; so sorgfältig, fiel mir als Bestärkung in meinem Glauben ein, wie das Fleisch in dem Schrank.

Ich wollte fliehen. Es mußte im Leben noch Schöneres geben als blutiges Fleisch. Das Unbekannte, das Ideal. Eines Tages vergaß man, das Küchenfenster zu schließen. Ich sprang auf ein kleines Dach unter dem Fenster.

II

Wie schön waren die Dächer! Große Rinnen faßten sie ein, daraus köstliche Düfte emporstiegen. Ich ließ meine Pfoten in den feinen Schlamm versinken, der lau war und unendlich weich. Mir war es, als ginge ich auf Sammet. Und die Sonne brannte so heiß, daß die Hitze mein Fett schmolz.

Ich kann nicht leugnen, daß ich dabei an allen Gliedern zitterte. In meiner Freude war ein gut Stück Angst. Ich erinnere mich besonders deutlich an eine fürchterliche Aufregung, die mich fast aufs Straßenpflaster hätte stürzen lassen. Drei Kater kollerten vom Dachfirst herunter und miauten mich schrecklich an; und als ich darüber in Ohnmacht fiel, verhöhnten sie mich Dickwanst und meinten, sie miauten nur zum Spaß. Da miaute ich mit ihnen. Das war entzückend. Die Übermütigen waren nicht so dick wie ich. Sie machten sich über mich lustig, als ich wie eine Kugel über das Zinkblech rollte, das die heiße Sonne erhitzte. Ein alter Kater aus der Bande nahm sich meiner besonders an. Er wolle mich erziehen, schlug er mir vor, und ich nahm mit Dank an.

Wie weit hinter mir lagen die Fleischtöpfe Ihrer Tante! Ich trank aus den Dachrinnen, und niemals hat mir gezuckerte Milch so süß geschmeckt. Alles erschien mir gut und schön. Eine Katze ging vorüber, eine entzückende Katze, bei deren Anblick mich eine noch nie gefühlte Erregung ergriff. Nur in meinen Träumen hatte ich diese erlesenen Geschöpfe gesehen, deren Rückgrat von so wundervoller Biegsamkeit ist. Wir stürzten ihr alle entgegen, meine drei Gefährten und ich. Ich überholte die andern und wollte mich gerade tief vor der entzückenden Katze verbeugen, da biß mich einer meiner Kameraden grausam in den Hals. Ich stieß einen Schmerzensschrei aus.

»Bah«, sagte der alte Kater und zog mich fort, »es gibt noch mehr solche Frauenzimmer.«

III

Nachdem ich eine Stunde lang spazierengegangen war, verspürte ich einen rasenden Hunger.

»Was ißt man eigentlich auf den Dächern?« fragte ich meinen Freund, den alten Kater.

»Was man findet«, belehrte er mich.

Diese Antwort setzte mich in Verlegenheit; denn soviel ich suchte, ich fand nichts. Endlich erblickte ich in einer Mansarde eine junge Arbeiterin beim Frühstück. Auf dem Tisch unter dem Fenster lag ein appetitlich rotes Kotelett.

»Das ist etwas für mich«, dachte ich ganz naiv.

Und ich sprang auf den Tisch und packte das Kotelett. Aber die Arbeiterin bemerkte mich und versetzte mir einen Besenschlag auf den Rücken. Da ließ ich das Fleisch fallen und entfloh unter schrecklichen Flüchen.

»Du kommst wohl gerade aus deinem Dorf?« fragte mich der Kater. »Fleisch auf fremden Tischen darf nur von weitem begehrt werden. In den Dachrinnen mußt du suchen.«

Niemals habe ich begreifen können, daß das Fleisch in den Küchen nicht den Katzen gehöre. Mein Magen fing an zu knurren. Und der Kater brachte mich völlig zur Verzweiflung: Er sagte, ich müßte bis zum Abend warten. Dann würden wir auf die Straße hinuntersteigen und die Kehrichthaufen durchwühlen. Die Nacht abwarten! das sagte er ruhig, wie ein alter Philosoph. Ich fiel schon beim Gedanken an dieses lange Fasten in Ohnmacht!

IV

Die Nacht kam langsam, eine eiskalte Nebelnacht. Es fing zu regnen an, spitz und wie mit Nadeln stechend, von Windstößen gepeitscht. Wir kletterten über eine Treppe hinunter. Wie häßlich erschien mir nun die Straße! Keine Wärme, keine Sonne, keine sonnenglänzenden Dächer mehr, auf denen man so herrlich herumtollen konnte. Meine Pfoten glitten auf dem schmutzigen Pflaster aus. Wehmütig dachte ich an mein Federkissen und meine dreifache Decke.

Kaum waren wir auf der Straße, wurde mein Freund, der Kater, ganz klein. Er zitterte und wurde ganz, ganz klein; geduckt strich er an den Häusern entlang und sagte mir, ich sollte ihm schleunigst folgen. Beim ersten Torweg flüchtete er hinein und schnurrte im Gefühl der Sicherheit. Als ich ihn über diese Flucht fragte, sagte er: »Hast du den Mann gesehen, den mit der Kiepe und dem Haken?«

»Ja.«

»Na ja, hätte der uns bemerkt, so hätte er uns totgeschlagen und am Spieß gebraten!«

»Am Spieß gebraten? Aber gehört denn die Straße nicht uns? Man findet nichts zu essen und wird selbst noch aufgefressen!«

V

Der Kehricht stand vor den Türen. Ich wühlte verzweifelt in den Haufen herum. Zwei oder drei abgenagte Knochen fand ich. Da verstand ich erst, was für ein Leckerbissen frisches Fleisch für eine Katze ist. Mein Freund, der Kater, kratzte den Schmutz wie ein Künstler auseinander. Langsam suchte er alles ab, und bis zum Morgen mußte ich ihn begleiten. So verbrachte ich fast zehn Stunden im Regen und zitterte vor Kälte an allen Gliedern. Verdammte Straße, verfluchte Freiheit! Wie sehnte ich mich nach meinem Gefängnis!

Als der Kater am frühen Morgen sah, daß ich fast zusammenbrach, fragte er mich in seltsamem Ton:

»Du hast genug davon, was?«

»O ja!«

»Möchtest du wieder nach Hause?«

»Natürlich, aber wie finde ich das Haus heraus?«

»Komm. Schon als ich dich heute morgen sah, habe ich es mir gleich gedacht, daß ein so fetter Kater wie du nicht für die herben Freuden der Freiheit geschaffen ist. Ich weiß, wo du wohnst, ich bringe dich bis an die Tür.«

Das sagte dieser würdige Kater in aller Ruhe. Als wir angekommen waren, sagte er, ohne die geringste Erregung zu zeigen:

»Leb wohl!«

»Nein«, rief ich, »so wollen wir nicht auseinandergehen. Du mußt mit mir kommen. Ich teile mein Fleisch und mein Bett mit dir. Meine Herrin ist eine gute Frau …«

Er ließ mich nicht zu Ende sprechen:

»Schweig, du bist dumm. Ich stürbe in diesem Treibhausleben. Dein üppiges Leben taugt nur für entartete Katzen. Niemals wird eine freie Katze sich durch Gefangenschaft Fleisch und weiche Bissen erkaufen … leb wohl.«

Und er kletterte wieder auf seine Dächer. Ich sah, wie seine große, magere Silhouette unter den Liebkosungen der aufgehenden Sonne voller Lust erschauerte.

Als ich wieder nach Hause kam, nahm Ihre Tante das Stöckchen, und ich freute mich dieser Schläge von Herzen. Voller Wollust genoß ich das Vergnügen, es warm zu haben und geschlagen zu werden. Während sie mich schlug, dachte ich schon mit Entzücken an das Fleisch, das ich bekommen würde.

»Sehen Sie«, schloß meine Katze und streckte sich vor der Glut aus, »das wahre Glück, das Paradies, lieber Meister, besteht darin, daß man gefangen ist und in einem Zimmer, wo es Fleisch gibt, geschlagen wird.«

Ich spreche für die Katzen.

RUDYARD KIPLING
Die Katze geht ihre eigenen Wege

Hör zu und paß auf und gib acht, denn dies ereignete und begab sich und trug sich zu, als die Haustiere noch wild waren. Der Hund war wild, und das Pferd war wild, die Kuh war wild, und das Schaf war ebenso wild, und das Schwein war so wild, wie es nur sein konnte, und alle liefen auf wilden Wegen im nassen wilden Wald herum. Aber das wildeste aller wilden Tiere war die Katze. Sie ging ihre eigenen Wege, und es war ihr gleichgültig, wohin diese Wege sie führten.

Natürlich war der Mensch auch wild. Er war sogar furchtbar wild. Und er dachte nicht daran, zahmer zu werden, bis eines Tages der Mann die Frau traf und die Frau dem Mann sagte, daß es ihr nicht gefalle, auf so wilde Weise zu leben. Sie suchte eine hübsche trockene Höhle als Schlafstätte aus, weil ihr das Lager des Mannes, ein Haufen nasser Blätter, nicht angenehm genug war, und sie streute sauberen Sand auf den Boden und machte ein feines Holzfeuer hinten in der Höhle und hängte – mit dem Schwanz nach unten – die getrocknete Haut eines wilden Pferdes vor den Eingang der Höhle und sagte: »Streich dir die Füße ab, wenn du nach Hause kommst, mein Herz, und nun wollen wir ein glückliches Familienleben anfangen.«

An diesem Abend aßen sie wildes Hammelkotelett, das sie auf heißen Steinen geröstet und mit wildem Knoblauch und wildem Pfeffer gewürzt hatten. Als zweiten Gang aßen sie Wildente, die mit wildem Reis, wilden Kastanien und wilden Äpfeln gefüllt war, und schließlich Brötchen, die mit dem Mark wilder Ochsen belegt waren, dazu wilde Kirschen und wilden Kuhkäse. Darauf legte sich der Mann dicht vor dem Feuer zum Schlafen nieder und schlief selig ein, aber die Frau blieb noch auf und kämmte ihr Haar.

Dann nahm sie den Schulterknochen eines Hammels – jenen großen flachen Knochen – und sah sich an, wie merkwürdig er gezeichnet war. Sie warf mehr Holz in das Feuer, und dann machte sie einen Zauber. Dies war der erste Zauber, der je in der Welt gemacht worden ist.

Draußen in den nassen wilden Wäldern standen alle die wilden Tiere beieinander und sahen nach dem Schein des Feuers hinüber, das weithin sichtbar war, und sie zerbrachen sich die Köpfe, was es bedeuten könne.

Da stampfte das wilde Pferd mit seinem wilden Huf auf und sagte: »O Freunde und Feinde, warum haben der Mann und die Frau ein so großes Licht in der großen Höhle gemacht, und wieviel Böses haben wir davon zu erwarten?«

Der wilde Hund streckte seine wilde Nase empor und erschnüffelte das wilde Hammelkotelett und sagte: »Ich will hingehen und nachsehen und euch Bescheid sagen – das kann uns ganz nützlich sein. Katze, du sollst mich begleiten.«

»Nein, nein«, sagte die Katze, »ich bin die Katze, die ihre eigenen Wege geht. Ich pflege nicht in Begleitung zu gehen. Ich komme nicht mit.«

»So werden wir nie wieder Freunde sein«, sagte der wilde Hund und machte sich auf den Weg nach der Höhle. Als er ein kleines Stückchen fort war, sagte die Katze zu sich selbst: ›Mir ist's gleichgültig, wohin meine Wege führen. Warum soll ich nicht auch dorthin gehen und mir alles ansehen und wieder fortgehen, wie es mir paßt!‹ So schlich sie dem wilden Hund leise, ganz leise nach und versteckte sich an einer Stelle, wo sie alles mitanhören konnte.

Als der wilde Hund an den Eingang der Höhle kam, schob er die getrocknete Pferdehaut mit seiner Nase empor und sog den Duft des wilden Hammelkoteletts mit vollen Zügen ein. Als die Frau, die noch immer den Schulterknochen betrachtete, ihn bemerkte, lachte sie und sagte: »Da kommt der erste. Wildes Tier aus wildem Wald, was willst du?«

Der Hund antwortete: »O Feindin und Frau meines Feindes, was riecht so herrlich im wilden Wald?«

Da nahm die Frau einen schönen Knochen, der von einem wilden Hammelkotelett übriggeblieben war, warf ihn dem Hund hinüber und sagte: »Wildes Tier aus wildem Wald, koste und friß.« Der Hund nagte den Knochen ab und fraß ihn auf, und er schmeckte herrlicher als alles, was er jemals gegessen hatte, und er sagte: »O Feindin und Frau meines Feindes, gib mir noch einen.«

Die Frau antwortete: »Wildes Tier aus wildem Wald, hilf am Tage meinem Mann jagen und bewache die Höhle in der Nacht, und ich gebe dir so viele Knochen, wie du willst.«

»Aha«, sagte die Katze in ihrem Versteck, »das ist eine kluge Frau, aber sie ist nicht so klug wie ich.«

Der wilde Hund kroch in die Höhle und legte seinen Kopf der Frau in den Schoß und sagte: »O Freundin und Frau meines Freundes, am Tage will ich deinem Mann jagen helfen, und nachts will ich deine Höhle bewachen.«

»Aha!« sagte die Katze in ihrem Versteck, »das ist ein zu blöder Hund.« Und sie wandelte zurück durch die nassen wilden Wälder, schwenkte ihren Schwanz und ging ihre eigenen wilden Wege. Aber sie erzählte niemandem ein Wort.

Als der Mann aufwachte, sagte er: »Was tut der wilde Hund hier?«

Und die Frau antwortete: »Er ist kein wilder Hund mehr, sondern unser bester Freund, denn er will für ewig und alle Zeit bei uns bleiben. Nimm ihn mit, wenn du auf die Jagd gehst.«

Am nächsten Abend schnitt die Frau auf den Wasserwiesen große grüne Büschel frisches und schönstes Gras ab, viele Armvoll, und trocknete es vor dem Feuer, daß es wie frisch gemähtes Heu duftete. Sie setzte sich an den Eingang der Höhle und flocht einen Halfter aus Pferdehaut und betrachtete wieder den Hammelknochen, den großen flachen Schulterknochen, und versuchte von neuem ihren Zauber. Dies war der zweite Zauber, der in der Welt geschah.

Draußen in den wilden Wäldern waren all die wilden Tiere besorgt, was wohl dem wilden Hund zugestoßen sein konnte, und schließlich stampfte das wilde Pferd mit seinem Huf auf und sagte:

»Ich will gehen und nachsehen und euch Bescheid sagen, warum der wilde Hund nicht wiedergekommen ist. Katze, begleite mich.« »Nein, nein«, sagte die Katze, »ich pflege stets meine eigenen Wege zu gehen. Ich begleite dich nicht.« Aber trotzdem folgte sie dem wilden Pferd leise, ganz leise und verbarg sich an derselben Stelle, wo sie alles genau hören konnte.

Als die Frau das wilde Pferd stampfen und über seine lange Mähne stolpern hörte, lachte sie und sagte: »Da kommt der zweite. Wildes Tier aus wildem Wald, was willst du? »

Das wilde Pferd antwortete: »O Feindin und Frau meines Feindes, wo ist der wilde Hund? »

Die Frau lachte, nahm den Schulterknochen auf und sah ihn an und sprach: »Wildes Tier aus wildem Wald, du bist gar nicht wegen des wilden Hundes gekommen, sondern weil du dies herrliche Heu gewittert hast.«

Und das Pferd sagte stampfend und schnaubend: »Du hast recht – gib mir etwas davon.«

Die Frau sagte: »Wildes Tier aus wildem Wald, beuge dein stolzes Haupt und trage, was ich dir aufpacke, dann sollst du dreimal am Tage herrliches Heu von mir bekommen.«

»Aha!« sagte die Katze in ihrem Versteck, »das ist wirklich eine sehr kluge Frau, aber sie ist nicht so klug wie ich.«

Da beugte das Pferd sein stolzes Haupt, und die Frau streifte ihm schnell den Halfter aus Pferdehaut über, und das Pferd sagte, mit dem Kopf vor den Füßen der Frau: »O Herrin und Frau meines Herrn, ich will gerne dein Diener sein, wenn ich dies herrliche Heu immer bekomme.«

»Aha!« sagte die Katze in ihrem Versteck, »das ist ein zu albernes Roß!« Und sie wandelte nach Hause durch den nassen wilden Wald, schwenkte ihren Schwanz und ging auf ihren eigenen wilden Wegen. Wieder erzählte sie niemandem ein Wort.

Als der Mann und der Hund von der Jagd nach Hause kamen, sagte der Mann: »Was macht denn das wilde Pferd hier?« Und die Frau antwortete: »Es ist kein wildes Pferd mehr, sondern unser bester Diener, denn es wird uns für ewig und alle Zeit von Ort zu Ort tragen. Reite auf seinem Rücken, wenn du zur Jagd willst.«

Am nächsten Tag ging die wilde Kuh nach der Höhle. Sie hielt ihren wilden Kopf so hoch sie nur konnte, damit ihre wilden Hörner nicht im wilden Gebüsch hängenblieben, und die Katze folgte ihr und versteckte sich wie zuvor.

Und alles geschah ganz genau wie zuvor, und die Katze sagte genau dasselbe wie zuvor, und als die wilde Kuh versprochen hatte, der Frau jeden Tag ihre Milch zu geben, und die Frau versprochen hatte, daß die Kuh jeden Tag von dem herrlichen Klee bekommen sollte, der im Garten der Frau wuchs, da ging die Katze durch den wilden nassen Wald nach Hause und schwenkte ihren Schwanz auf einsam-wilden Wegen, genau wie zuvor. Und sie erzählte wieder niemandem ein Wort.

Als der Mann mit dem Pferd und dem Hund von der Jagd nach Hause kam und dieselben Fragen gestellt hatte wie zuvor, sagte die Frau: »Das ist jetzt kein wildes Tier mehr, sondern sie schenkt uns herrliches Essen. Für ewig und alle Zeit wird sie uns ihre warme weiße Milch geben, und ich werde für sie sorgen, während du mit deinem treuesten Freund und deinem besten Diener auf die Jagd gehst.«

Am nächsten Tage paßte die Katze auf, ob wieder ein wildes Tier nach der Höhle gehen würde, aber nichts rührte sich im nassen wilden Wald. So ging die Katze ihre eigenen Wege, und sie sah die Frau die Kuh melken und sah den Feuerschein in der Höhle und roch die herrliche weiße Milch.

Die Katze sagte: »O Feindin und Frau meines Feindes, wo mag nur die wilde Kuh sein?«

Die Frau lachte laut und sagte: »Wildes Tier aus dem wilden Wald, geh nur wieder nach Hause, denn ich habe den Schulterknochen mit seinen Zauberkräften fortgelegt, weil wir keine Freunde oder Diener in unserer Höhle mehr brauchen können.«

Die Katze sagte: »Ich bin kein Freund, ich bin kein Diener, ich bin die Katze und gehe meine eigenen Wege, und ich wünsche in die Höhle gelassen zu werden.«

Die Frau sagte: »Warum bist du denn nicht mit unserem besten Freund in der ersten Nacht gekommen?«

Die Katze wurde sehr ungehalten und sagte: »Hat der wilde Hund mich etwa bei dir verklatscht?«

Da lachte die Frau und sagte: »Ich denke, du gehst deine eigenen Wege? Ich denke, du bist weder Freund noch Diener? Also bitte, begib dich auf deine eigenen Wege, wohin sie dich auch führen.«

Da tat die Katze so, als ob sie sehr traurig wäre, und sagte: »Darf ich wirklich nicht in die Höhle hinein? Darf ich niemals am warmen Feuer sitzen? Darf ich niemals warme weiße Milch trinken? Du bist so klug und schön. Du solltest zu einer Katze nicht so grausam sein.«

Die Frau sagte: »Ich weiß, daß ich klug bin, aber ich wußte nicht, daß ich schön bin. Ich danke dir für das Kompliment, und darum will ich ein Abkommen mit dir treffen. Wenn ich auch nur einmal von dir etwas Gutes sage, dann darfst du in die Höhle kommen.«

»Und wenn du es zweimal sagst?« fragte die Katze.

»Darauf kannst du lange warten«, sagte die Frau. »Aber schön: wenn ich zweimal von dir etwas Gutes sage, darfst du in der Höhle am Feuer sitzen.«

»Und wenn du es dreimal sagst?« fragte die Katze.

»Unmöglich«, sagte die Frau. »Aber wenn ich wirklich drei gute Worte für dich übrig habe, bekommst du von mir auf ewig und alle Zeit dreimal am Tage die schöne weiße warme Milch zu trinken.«

Da machte die Katze einen Buckel und sagte: »Mögen denn der Vorhang am Eingang der Höhle und das Feuer am Ende der Höhle und die Milchtöpfe, die neben dem Feuer stehen, nie vergessen, was meine Feindin und Frau meines Feindes gesagt hat.« Und sie wandelte fort durch den nassen wilden Wald, schwenkte ihren wilden Schwanz und suchte sich ihre einsam-wilden Wege.

Als am Abend der Mann mit dem Pferd und dem Hund von der Jagd nach Hause kam, erzählte die Frau nichts von dem Abkommen, das sie mit der Katze getroffen hatte, weil sie Angst hatte, daß er sich darüber ärgern könnte.

Die Katze ging weit, weit fort und versteckte sich in den nassen wilden Wäldern auf den allereinsamsten Wegen für eine lange Zeit, bis die Frau sie und das Abkommen längst vergessen hatte. Nur die Fledermaus – die kleine Kopf-nach-unten-Fledermaus –, die sich im Inneren der Höhle aufzu-hängen pflegte, wußte, wo sich die Katze versteckt hatte, und jeden Abend flog sie zur Katze und erzählte ihr, was sich Neues zugetragen hatte.

Eines Abends sagte die Fledermaus: »Sie haben ein Baby in der Höhle. Es ist rund und rosig und neu und winzig, und die Frau hat es sehr lieb.«

»Aha!« sagte die Katze, »und wen hat das Baby lieb?«

»Das Baby hat alles lieb, was weich ist und kitzelt«, sagte die Fledermaus. »Es hält gern etwas Warmes im Arm, wenn es einschlafen will. Es hat sehr gern, wenn man mit ihm spielt.«

»Aha!« sagte die Katze, »dann ist meine Zeit gekommen.«

In der nächsten Nacht wanderte die Katze durch den nassen wilden Wald und versteckte sich nahe der Höhle, bis der

Morgen kam und der Mann mit dem Pferd und dem Hund zur Jagd ging. Die Frau hatte an diesem Morgen gerade viel mit dem Kochen zu tun, und das kleine Kind schrie und störte sie unaufhörlich. Sie trug es vor die Höhle und gab ihm eine Handvoll schöne bunte Steine zum Spielen. Aber das kleine Kind schrie immer weiter.

Da streckte die Katze ihre weiche Pfote aus und streichelte dem Kind über die Backe, und das Kind quiekte vor Vergnügen. Dann rieb sich die Katze an seinen dicken Knien und kitzelte es mit dem Schwanz an seinem dicken Kinn. Und das Kind lachte. Als das die Frau hörte, lächelte sie.

Da sagte die Fledermaus, die sich im Inneren der Höhle aufgehängt hatte: »O gnädige Gastgeberin und Frau meines gnädigen Gastgebers und Mutter des gnädigen Sohnes meines Gastgebers, ein wildes Tier aus dem wilden Wald spielt ganz herrlich mit deinem Kind.«

»Tausend Dank dem lieben wilden Tier«, sagte die Frau und richtete sich von ihrer Arbeit auf, »denn ich hatte heute früh sehr viel zu tun, und es hat mir einen großen Dienst erwiesen!«

In derselben Minute und Sekunde fiel die getrocknete Pferdehaut, die mit dem Schwanz nach unten vor den Eingang der Höhle gespannt war, herunter – rrrups! –, denn sie erinnerte sich an das Abkommen, das die Frau mit der Katze getroffen hatte, und als die Frau die Haut wieder aufhängen wollte – sieh und staune! –, saß die Katze ganz gemütlich im Eingang der Höhle.

»O Feindin und Frau meines Feindes und Mutter meines Feindes«, sagte die Katze, »ich bin es nur, mit Verlaub. Du hast etwas Gutes über mich gesagt, und nun darf ich für ewig und alle Zeit in der Höhle sitzen. Aber ich bleibe trotzdem die Katze, die ihre eigenen Wege geht.«

Die Frau ärgerte sich, biß die Lippen zusammen, nahm ihr Spinnrad und begann zu spinnen.

Aber das Baby schrie, weil die Katze nicht mehr bei ihm war, und die Mutter konnte es nicht beruhigen. Es strampelte und schlug um sich und wurde ganz blau im Gesicht.

»O Feindin und Frau meines Feindes und Mutter meines Feindes«, sagte die Katze, »nimm einen Faden von dem Garn, das du gerade spinnst, und binde einen Stein daran und ziehe ihn über den Boden. Ich will dir einen Zauber zeigen, der dein Baby so laut lachen läßt, wie es jetzt weint.«

»Das will ich tun«, sagte die Frau, »denn ich weiß mir nicht mehr anders zu helfen, aber diesmal werde ich mich nicht bei dir bedanken.«

So band sie denn einen kleinen Stein an den Faden und zog ihn über den Boden, und die Katze sprang dem Stein nach, nahm ihn zwischen ihre Pfoten, ließ ihn los, kugelte kopfüber hinter ihm her, warf ihn sich über die Schulter, stieß ihn zwischen ihre Hinterbeine, tat so, als hätte sie ihn verloren, und dann sprang sie plötzlich mit einem Satz auf ihn drauf, bis das Baby so laut lachte, wie es vorher geweint hatte. Es reckte die Ärmchen nach der Katze und jubelte, daß die Höhle widerhallte, bis es müde wurde und sich zum Schlafen hinlegte – die Katze im Arm.

»Jetzt«, sagte die Katze, »werde ich dem Kind ein Lied singen, daß es eine Stunde lang schlafen soll.« Und sie begann zu schnurren, laut und leise, leise und laut, bis das Baby fest eingeschlafen war. Die Frau lächelte, als sie auf die beiden hinabsah, und sagte:

»Das hast du fein gemacht! Du bist wirklich sehr gescheit, liebe Katze.«

In dieser selben Minute und Sekunde kam der Rauch des Feuers in dichten Wolken vom Ende der Höhle herangequalmt – pfff! –, denn er erinnerte sich an das Abkommen, das die Frau mit der Katze getroffen hatte, und als sich der Rauch verzogen hatte – jetzt sieh und staune! –, saß die Katze gemütlich dicht beim Feuer.

»O Feindin und Frau meines Feindes und Mutter meines Feindes«, sagte die Katze, »du hast jetzt zum zweitenmal etwas Gutes über mich gesagt, und jetzt darf ich neben dem warmen Feuer am Ende der Höhle für ewig und alle Zeiten sitzen. Aber ich möchte ausdrücklich bemerken, daß ich trotzdem noch meine eigenen Wege zu gehen gedenke.«

Da hat sich die Frau sehr, sehr geärgert, und sie warf mehr Holz auf das Feuer und suchte den großen flachen Schulterknochen des Hammels hervor und fing an, einen Zauber zu machen, der sie davor bewahren sollte, ein drittes Mal etwas Gutes über die Katze zu sagen.

Es war ein ganz stiller Zauber, und nach und nach wurde es so still in der Höhle, daß ein kleines Mäuschen aus einem Loch in der Ecke herauskam und über den Boden lief.

»O Feindin und Frau meines Feindes und Mutter meines Feindes«, sagte die Katze, »gehört diese kleine Maus auch zu deinem Zauber?«

»Huh, nein, ksch«, rief die Frau und legte den Schulterknochen nieder, so schnell sie konnte, und sprang auf den Schemel am Feuer, weil sie Angst hatte, daß die Maus ihr die Röcke hinauflaufen würde.

»Aha!« sagte die Katze, »dann wirst du wohl nicht böse sein, wenn ich die Maus fresse?«

»Nein«, sagte die Frau und hielt ihre Röcke hoch, »friß sie schnell, und ich will dir auch immer dankbar sein.«

Die Katze tat einen Sprung und fing die kleine Maus, und die Frau sagte: »Tausend Dank! Selbst unser treuester Freund, der Hund, ist nicht geschickt genug, um eine Maus so schnell zu fangen wie du. Du mußt wirklich sehr schlau sein.«

In dieser Minute und Sekunde krachte der Milchtopf, der neben dem Feuer stand, in zwei Teile – kllkr! –, denn er erinnerte sich an das Abkommen, das die Frau mit der Katze getroffen hatte, und als die Frau von dem Schemel herabgesprungen war – sieh und staune! – schleckte die Katze die warme weiße Milch, die in dem zerbrochenen Topf gewesen war.

»O Feindin und Frau meines Feindes und Mutter meines Feindes«, sagte die Katze, »jetzt hast du zum drittenmal etwas Gutes von mir gesagt, und jetzt darf ich für ewig und alle Zeit die weiße warme Milch dreimal am Tage trinken. Aber trotzdem – merk dir das! – bleibe ich die Katze, die stets ihre eigenen Wege geht.«

Da lachte die Frau und stellte der Katze einen Napf mit schöner warmer Milch hin und sagte: »O Katze, du bist so klug wie ein Mensch, aber jetzt denke daran, daß du mit dem Mann und mit dem Hund kein Abkommen getroffen hast! Ich weiß nicht, was sie tun werden, wenn sie nach Hause kommen.«

»Was geht das mich an?« sagte die Katze. »Wenn ich meinen Platz in der Höhle beim Feuer habe und meine Milch täglich dreimal bekomme, kümmere ich mich nicht darum, was der Mann und der Hund tun.«

Als an diesem Abend der Mann und der Hund in die Höhle kamen, erzählte ihnen die Frau die ganze Geschichte, während die Katze am Feuer saß und lachte. Da sagte der Mann: »Schön und gut, aber mit mir und allen richtigen Männern, die nach mir kommen, hat die Katze kein Abkommen getroffen.« Dann zog er seine schweren Stiefel aus und nahm eine kleine Steinaxt (das waren schon drei Gegenstände), und schließlich holte er sich ein Scheit Holz und ein Beil (das wären alles in allem fünf Gegenstände!) und legte sie alle in eine Reihe und sagte: »Jetzt wollen auch wir unser Abkommen treffen. Wenn du nicht für ewig und alle Zeit Mäuse fängst, werde ich mit diesen fünf Gegenständen nach dir werfen, sooft ich dich sehe, und so werden es alle richtigen Männer machen, die nach mir kommen.«

›Aha‹, dachte die Frau, ›die Katze ist wohl sehr klug, aber der Mann ist noch klüger.‹

Die Katze betrachtete sich die fünf Gegenstände (sie sahen recht kantig aus) und sagte: »Ich will für ewig und alle Zeit Mäuse fangen. Aber das sage ich gleich: Ich bleibe trotzdem die Katze, die stets ihre eigenen Wege geht.«

»Nicht, wenn ich da bin«, sagte der Mann. »Wenn du das jetzt nicht gesagt hättest, würde ich diese fünf Sachen für ewig und alle Zeit fortgelegt haben. Aber von nun an werde ich meine Stiefel und meine Axt nach dir werfen, sooft ich dich sehe.«

Darauf sagte der Hund: »Einen Augenblick, bitte. Die Katze hat mit mir noch keinen Vertrag gemacht, mit mir und allen richtigen Hunden, die nach mir kommen.« Er zeigte seine Zähne und fuhr fort: »Wenn du nicht nett zu dem kleinen Kind bist, für ewig und alle Zeit, werde ich dich jagen, bis ich dich packen kann, und wenn ich dich gepackt habe, werde ich kräftig zubeißen. Und das werden alle Hunde machen, die nach mir kommen.«

›Aha‹, dachte die Frau, ›die Katze ist schon recht klug, aber der Hund ist viel klüger.‹

Die Katze zählte die Zähne des Hundes (sie sahen recht spitz aus) und sagte: »Ich will nett zu dem Kind sein, solange es mich nicht zu arg am Fell rupft, für ewig und alle Zeit. Aber ich bleibe und bleibe trotz allem die Katze, die ihre eigenen Wege gehen wird!«

»Nicht, wenn ich in der Nähe bin«, sagte der Hund. »Wenn du das jetzt nicht gesagt hättest, würde ich dir für ewig und alle Zeit meine Zähne niemals wieder gezeigt haben; aber von nun an werde ich dich auf einen Baum hinaufjagen, sooft ich dich treffe.«

Dann warf der Mann seine zwei Stiefel und seine kleine Axt nach der Katze, und die Katze rannte aus der Höhle hinaus, und der Hund jagte sie auf einen Baum hinauf, und von jenem Tag an werfen drei richtige Männer von fünfen alles mögliche Zeug nach einer Katze, sooft sie eine treffen, und jeder richtige Hund jagt sie auf einen Baum. Aber die Katze hält ihr Abkommen auch. Sie fängt Mäuse und ist nett zu kleinen Kindern, sooft sie im Hause ist und solange sie ihr nicht das Fell zu sehr rupfen.

Aber danach, und auch zwischendrin, und wenn der Mond aufgeht und wenn die Nacht kommt, dann geht die Katze auf ihren eigenen Wegen. Dann wandelt sie hinaus in den nassen wilden Wald oder klettert auf nasse wilde Bäume oder auf nasse wilde Dächer und schwenkt ihren wilden Schwanz auf einsam-wilden Pfaden.

Die betende Katze

Was für eine Freude bringt es, zu einem Gipsgießer hineinzu-
treten, wo man die herrlichen Glieder der Statuen einzeln aus
der Form hervorgehen sieht, und dadurch ganz neue Ansich-
ten der Gestalten gewinnt. Alsdann erblickt man neben einander, was sich in Rom zerstreut befindet, welches zur
Vergleichung unschätzbar dienlich ist. Ich habe mich nicht
enthalten können den kolossalen Kopf eines Jupiters anzuschaffen. † Er steht meinem Bette gegenüber wohl beleuch-
tet, damit ich sogleich meine Morgen-Andacht an ihn richten
kann, und der uns, bei aller seiner Großheit und Würde, das
lustigste Geschichtchen veranlaßt hat. †

Unserer alten Wirtin schleicht gewöhnlich, wenn sie das
Bett zu machen hereinkommt, ihre vertraute Katze nach. Ich
saß im großen Saale und hörte die Frau drinne ihr Geschäft
treiben. Auf einmal, sehr eilig und heftig, gegen ihre Gewohnheit, öffnet sie die Türe, und ruft mich eilig zu kommen, und ein Wunder zu sehen. Auf meine Frage: was es sei,
erwiderte sie, die Katze bete Gott Vater an. Sie habe diesem
Tiere wohl längst angemerkt, daß es Verstand habe wie ein
Christ, dieses aber sei doch ein großes Wunder. Ich eilte mit
eigenen Augen zu sehen, und es war wirklich wunderbar genug. Die Büste steht auf einem hohen Fuße, und der Körper
ist weit unter der Brust abgeschnitten, so daß also der Kopf in
die Höhe ragt. Nun war die Katze auf den Tisch gesprungen,
hatte ihre Pfoten dem Gott auf die Brust gelegt, und reichte
mit ihrer Schnauze, indem sie die Glieder möglichst aus-
dehnte, gerade bis an den heiligen Bart, den sie mit der
größten Zierlichkeit beleckte, und sich weder durch die In-
terjektion der Wirtin, noch durch meine Dazwischenkunft
im mindesten stören ließ. Der guten Frau ließ ich ihre Ver-

wundrung, erklärte mir aber diese seltsame Katzenandacht dadurch, daß dieses scharf riechende Tier wohl das Fett möchte gespürt haben, das sich aus der Form in die Vertiefungen des Bartes gesenkt, und dort verhalten hatte.

Die Katzen von Ulthar

Es heißt, in Ulthar, das jenseits des Flusses Skai liegt, darf niemand eine Katze töten; und wenn ich sie betrachte, die am Feuer sitzt und schnurrt, kann ich das durchaus glauben. Denn die Katze ist kryptisch und vertraut mit seltsamen Dingen, die den Menschen verborgen sind. Sie ist die Seele des alten Aigyptos und Trägerin von Geschichten aus vergessenen Städten in Meroe und Ophir. Sie ist vom Geschlecht der Herren des Dschungels und Erbin der Geheimnisse des ehrwürdigen und sinistren Afrika. Die Sphinx ist ihre Cousine, und sie spricht ihre Sprache; aber sie ist viel älter als die Sphinx und erinnert sich an das, was jene vergessen hat. In Ulthar lebten, bevor die Bürger das Töten von Katzen überhaupt verboten, ein alter Kätner und dessen Frau, die ihr Vergnügen daran fanden, die Katzen ihrer Nachbarn in Fallen zu fangen und umzubringen. Warum sie dies taten, ich weiß es nicht; außer, daß vielen die Stimme der Katze in der Nacht verhaßt ist und sie es übel aufnehmen, daß die Katzen im Zwielicht verstohlen über Höfe und Gärten huschen. Doch aus welchem Grund auch immer, diesem alten Mann und seiner Frau machte es Spaß, jede Katze zu fangen und umzubringen, die in die Nähe ihrer elenden Hütte kam; und wegen mancher Laute, die nach Einbruch der Dunkelheit erklangen, stellten sich viele Einwohner vor, daß die Art des Umbringens mehr als eigentümlich war. Doch die Leute sprachen mit dem alten Mann und seiner Frau nicht über solche Dinge; das lag an dem habituellen Ausdruck auf den verwelkten Gesichtern der beiden und daran, daß ihre Hütte so klein war und so dunkel verborgen unter den Eichen hinter einem vernachlässigten Hof lag. Sosehr die Katzenbesitzer diese merkwürdigen Leute haßten, fürchteten sie sie in Wahrheit doch mehr; und anstatt sie als brutale Meuchelmörder anzugehen, besorgten sie nur, daß sich kein umhegter Liebling oder Mäusefänger zu dem abgelegenen Schuppen unter den dunklen Bäumen verirrte. Wenn wegen eines unvermeidlichen Versehens eine Katze vermißt wurde und nach Einbruch der Dunkelheit Laute erklangen, dann lamentierte der Betroffene machtlos; oder tröstete sich damit, dem Schicksal zu danken, daß es sich nicht um eines seiner Kinder handelte, das so verschwunden war. Denn die Leute von Ulthar waren einfältig und wußten nicht, woher alle Katzen ursprünglich kamen.

Eines Tages betrat eine Karawane seltsamer Wanderer aus dem Süden die engen Kopfsteinpflasterstraßen Ulthars. Dunkelhäutige Wanderer waren das und unähnlich dem anderen umherstreifenden Volk, das zweimal jedes Jahr durch die Stadt zog. Auf dem Marktplatz weissagten sie für Silber, und von den Händlern kauften sie glänzende Perlen. Aus welchem Land die Wanderer stammten, vermochte keiner zu sagen; doch zeigte sich, daß sie seltsamen Gebeten zugetan waren und daß sie auf die Seiten ihrer Wagen merkwürdige Figuren mit menschlichen Körpern und den Köpfen von Katzen, Falken, Widdern und Löwen gemalt hatten. Und der Führer der Karawane trug einen Kopfputz mit zwei Hörnern und einer eigentümlichen Scheibe dazwischen.

Zu dieser sonderbaren Karawane gehörte ein kleiner Junge, der weder Vater noch Mutter hatte, nur ein winziges schwarzes Kätzchen zum Liebhaben. Die Pest war zu ihm nicht freundlich gewesen, hatte ihm jedoch dies kleine bepelzte Wesen zur Linderung seines Kummers gelassen; und wenn man sehr jung ist, kann man in den lebhaften Possen eines schwarzen Kätzchens viel Trost finden. So lächelte der Junge, den die dunkelhäutigen Leute Menes nannten, viel öfter als er weinte, wenn er mit seinem anmutigen Kätzchen spielend auf den Stufen eines wunderlich bemalten Wagens saß.

Am dritten Morgen des Aufenthaltes der Wanderer in Ulthar konnte Menes sein Kätzchen nicht finden; und als er auf dem Marktplatz laut schluchzte, erzählten ihm gewisse Dorfbewohner von dem alten Mann und seiner Frau und von den Lauten in der Nacht. Und als er diese Dinge vernahm, wich sein Schluchzen tiefem Nachdenken und schließlich einem Gebet. Er streckte seine Arme der Sonne entgegen und betete in einer Sprache, die kein Dorfbewohner verstehen konnte; allerdings bemühten sich die Dorfbewohner auch nicht sehr darum, etwas zu verstehen, denn den größten Teil ihrer Aufmerksamkeit beanspruchten der Himmel und die unheimlichen Formen, die die Wolken annahmen. Es war sehr sonderbar, doch als der kleine Junge seine Bitte hervorbrachte, da schienen sich oben die schattenhaften, nebulösen Figuren von exotischen Wesen zu bilden; von hybriden Geschöpfen, gekrönt mit hornumrahmten Scheiben. Die Natur ist voll solcher Illusionen, die auf die Einbildungskraft wirken.

In dieser Nacht verließen die Wanderer Ulthar und wurden nie wieder gesehen. Und die Familienoberhäupter beunruhigten sich, als sie bemerkten, daß in der ganzen Stadt nicht eine Katze zu finden war. An allen Feuerstellen fehlten die vertrauten Katzen; große Katzen und kleine, schwarze, graue, getigerte, gelbe und weiße. Der alte Kranon, der Bürgermeister, schwor, daß die dunkelhäutigen Leute die Katzen mit sich fortgenommen hätten, aus Rache, weil Menes' Kätzchen umgebracht worden war; und er verfluchte die Karawane und den kleinen Jungen. Aber Nith, der dürre Notar, erklärte, der alte Kätner und seine Frau seien hierfür weitaus verdächtigere Personen; denn ihr Katzenhaß sei notorisch und werde zunehmend dreister. Indes, keiner wagte es, gegen das finstere Paar Klage zu führen; selbst dann nicht, als der kleine Atal, der Sohn des Schankwirts, beteuerte, er habe im Zwielicht alle Katzen von Ulthar auf jenem verfluchten Hof unter den Bäumen gesehen, wie sie ganz langsam und feierlich einen Kreis um die Hütte beschrieben, zwei und zwei nebeneinander, als vollführten sie irgendein unerhörtes tierisches Ritual. Die Dorfbewohner wußten nicht, wieviel sie einem so kleinen Jungen glauben sollten; und obwohl sie befürchteten, daß das böse Paar den Katzen den Tod angehext hatte, zogen sie es doch vor, den alten Kätner erst dann zu schmähen, wenn sie ihn außerhalb seines dunklen und abstoßenden Hofes träfen.

So legte sich Ulthar in unnützer Angst schlafen; und als die Leute im Morgengrauen erwachten – siehe da! jede Katze war wieder an ihren gewohnten Herd zurückgekehrt! Große und kleine, schwarze, graue, getigerte, gelbe und weiße, nicht eine fehlte. Sehr geschmeidig und fett schienen die Katzen, und sie schnurrten vernehmlich vor Wohlbehagen. Die Bürger besprachen die Angelegenheit untereinander und verwunderten sich nicht wenig. Der alte Kranon beharrte wieder darauf, es sei das dunkelhäutige Volk gewesen, das sie fortgeführt habe, denn von der Hütte des alten Mannes und seiner Frau würden keine Katzen lebendig zurückkommen. Doch alle stimmten sie in einem Punkt überein: nämlich daß die Weigerung aller Katzen, ihre Fleischportionen zu verzehren oder ihre Milchschüsselchen zu schlabbern, höchst sonderbar sei. Und zwei volle Tage lang wollten die geschmeidigen, fetten Katzen von Ulthar keine Nahrung anrühren, sondern nur am Feuer oder in der Sonne dösen.

Es dauerte eine ganze Woche, ehe den Dorfbewohnern auffiel, daß im Abenddämmer in den Fenstern der Hütte unter den Bäumen kein Licht brannte. Dann meinte der dürre Nith, daß keiner den alten Mann oder seine Frau seit der Nacht, in der die Katzen verschwunden waren, mehr gesehen habe. Noch eine Woche später beschloß der Bürgermeister, seine Angst zu überwinden und von Amts wegen die so befremdlich stille Behausung aufzusuchen, wobei er sich jedoch darauf bedacht zeigte, Shang, den Hufschmied, und Thul, den Steinmetz, als Zeugen mit zunehmen. Und als sie die hinfällige Tür eingedrückt hatten, fanden sie nur dies: zwei peinlich gesäuberte Skelette auf dem irdenen Fußboden und eine Anzahl eigenartiger Käfer, die in den schattigen Ecken herumkrochen.

Hernach gab es viel Gerede unter den Bürgern von Ulthar. Zath, der Leichenbeschauer, disputierte des langen und breiten mit Nith, dem dürren Notar; und Kranon und Shang und Thul wurden mit Fragen überhäuft. Selbst der kleine Atal, der Sohn des Schankwirts, wurde genauestens verhört und bekam ein Stück Zuckerwerk zur Belohnung. Sie redeten von dem alten Kätner und seiner Frau, von der Karawane der dunkelhäutigen Wanderer, vom kleinen Menes und seinem schwarzen Kätzchen, von Menes' Gebet und vom Himmel während dieses Gebets, von den Taten der Katzen in der Nacht, als die Karawane fortzog, und von dem, was man später in der Hütte unter den dunklen Bäumen in dem abstoßenden Hof fand.

Und am Ende erließen die Bürger dies bemerkenswerte Gesetz, von dem die Händler in Hatheg erzählen und über das die Reisenden in Nir diskutieren; nämlich daß in Ulthar niemand eine Katze töten darf.

Der schwarze Kater

Für diese gar schauerliche und doch so einfache Geschichte, die ich hier zu Papier bringen will, erwarte ich weder noch erbitte ich Glauben. Fürwahr, Tollheit wär's, würde ich darauf rechnen in einem Falle, wo selbst die eignen Sinne ihrem eignen Zeugnis nicht trauen wollen. Doch toll bin ich mitnichten – und ganz gewiß auch träume ich nicht. Aber morgen heißt es sterben, und so möchte ich heute meine Seele wohl erleichtern. Der Zweck, den ich unmittelbar mir vorgesetzt, ist dabei der, frei heraus, in bündiger Kürze und ohne zu deuteln der Welt eine Reihe von bloß alltäglichen Ereignissen zu unterbreiten. In ihren Folgen haben diese Geschehnisse mich erschreckt – gepeinigt – vernichtet. Dennoch will ich nichts zu erklären versuchen. Mir haben sie kaum anderes als Grauen gebracht – vielen werden sie wohl weniger schrecklich denn *baroque* anmuten. Vielleicht findet sich hiernach gar ein Verstand, der meine Phantasmen aufs Gewöhnliche zurückführt – ein Verstand, ruhiger, logischer und weit weniger erregbar, als der meinige es ist, der in den Umständen, welche ich mit Grauen hier erzähle, nichts weiter erblickt denn eine gewöhnliche Folge von ganz natürlichen Ursachen und Wirkungen.

Von klein auf war ich bekannt für meinen fügsamen und gutmütigen Charakter. Meine Weichherzigkeit trat gar so auffällig hervor, daß meine Gefährten mich darob gern hänselten. Ganz besonders liebte ich Tiere und ward von meinen Eltern mit gar vielerlei vierbeinigen Lieblingen verwöhnt. Mit diesen verbrachte ich die meiste Zeit, und nie war ich so glücklich, wie wenn ich sie füttern und streicheln durfte. Diese Wesenseigenart wuchs mit meinem Heranwachsen, und im Mannesalter ward sie mir ein Hauptquell der Freude.

Wer einmal Zuneigung zu einem treuen und klugen Hunde gehegt, dem brauche ich wohl kaum zu erklären, welcher Natur beziehungsweise wie intensiv die Befriedigung ist, die daraus entspringt. Es liegt etwas in der selbstlosen und aufopfernden Liebe einer unvernünftigen Kreatur, das unmittelbar jedem zu Herzen geht, dem häufig Gelegenheit ward, die schnöde Freundschaft und wankende Treue des bloßen *Menschen* zu erproben.

Ich heiratete früh und war glücklich, in meinem Weibe eine verwandte Seele zu finden. Als sie meine Vorliebe für Haustiere bemerkte, versäumte sie keine Gelegenheit, deren wohlgefälligste anzuschaffen. Wir hatten Vögel, Goldfische, einen prächtigen Hund, Kaninchen, ein Äffchen und einen *Kater*.

Dieser letztere war ein bemerkenswert großes und schönes Tier, vollkommen schwarz und in erstaunlichem Maße klug. War von seiner Intelligenz die Rede, so kam meine Frau, die im Grunde ihres Herzens nicht wenig von Aberglauben angesteckt war, häufig auf den alten Volksglauben zu sprechen, wonach alle schwarzen Katzen verkleidete Hexen seien. Nicht daß es ihr je *ernst* mit diesem Punkte gewesen wäre – und ich erwähne die Sache überhaupt nur aus keinem besseren Grunde als dem, daß sie mir zufällig eben jetzt eingefallen.

Pluto – so hieß der Kater – war mein Liebling und Spielgefährte. Ich allein fütterte ihn, und er begleitete mich, wohin im Hause auch immer ich mich wandte. Mit Mühe gar nur konnte ich ihn daran hindern, mir auch durch die Straßen zu folgen.

Solcherart währte unsere Freundschaft über mehrere Jahre, während welcher mein allgemeines Temperament und Wesen – durch das Werk des Teufels Alkohol – (ich schäme mich, dies zu gestehen) eine radikale Wandlung zum Schlimmeren erfuhr. Von Tag zu Tag ward ich übellauniascher, reizbarer, rücksichtsloser gegenüber den Gefühlen anderer. Ich ließ mich hinreißen, ausfällige Reden gegen meine Frau zu gebrauchen. Schließlich vergriff ich mich sogar gewalttätig an ihr. Natürlich bekamen auch meine Tiere den Wandel in meiner Gemütsart zu spüren. Ich vernachlässigte sie nicht nur, sondern mißhandelte sie. Für Pluto aber hatte ich mir immerhin noch genügend Rücksicht bewahrt, die mich davon abhielt, ihn zu malträtieren, wie ich es ohne alle Bedenken mit den Kaninchen, dem Äffchen, ja selbst dem Hunde tat, wenn sie mir zufällig oder aus Anhänglichkeit über den Weg liefen. Doch mein Leiden gewann immer mehr Gewalt über mich – denn welches Leiden ist schon dem Alkohol gleich! –, und schließlich begann selbst Pluto, der nun langsam alt und infolgedessen ein wenig grämlich ward – also selbst Pluto begann die Wirkungen meines bösartigen Wesens zu spüren.

Eines Nachts, als ich arg betrunken von einer meiner Wirtshaustouren in der Stadt nach Hause kam, bildete ich mir ein, der Kater meide meine Nähe. Ich packte ihn; woraufhin er mir, ob meiner Heftigkeit erschrocken, mit den Zähnen eine leichte Wunde an der Hand beibrachte. Im Augenblick ward ich von dämonischer Wut besessen. Ich kannte mich selbst nicht mehr. Mir war, als fliehe meine ureigene Seele mit einem Male aus meinem Körper; und eine mehr denn teuflische Bosheit, vom Branntwein genährt, durchschauerte jede Faser meines Leibes. Ich zog ein Federmesser aus meiner Westentasche, klappte es auf, packte das arme Tier bei der Kehle und schnitt ihm mit Bedacht eines seiner Augen aus der Höhle. Ich werde rot, ich brenne, ich schaudere, indes ich diese verdammenswerte Greueltat niederschreibe.

Als mit dem Morgen die Vernunft mir wiederkehrte – als ich den Rausch der nächtlichen Ausschweifung ausgeschlafen hatte –, empfand ich ob des Verbrechens, dessen ich schuldig geworden, ein Gefühl aus Grauen halb und halb aus Reue; doch war es bestenfalls ein schwaches und zwiespältiges Gefühl, und die Seele blieb davon unberührt. Ich stürzte mich aufs neue in den Alkohol und hatte bald jegliche Erinnerung an die Tat im Weine ertränkt.

Unterdessen erholte sich der Kater langsam wieder. Die Höhle des verlorenen Auges bot zwar einen gar gräßlichen Anblick, doch schien er keine Schmerzen mehr zu leiden. Er streifte ganz wie sonst durchs Haus, doch floh er, wie zu erwarten, in panischem Schrecken, sobald ich näher kam. Noch war mir so viel von meinem alten Herzen geblieben, daß diese offenkundige Abneigung seitens eines Geschöpfes, welches mich einst so geliebt hatte, mich anfangs doch betrübte. Aber bald machte dies Empfinden Verärgerung Platz. Und dann kam, wie um mich endgültig und unwiderruflich zu vernichten, der Geist der WIDERNATUR über mich. Jener Geist, den die Philosophie so gänzlich außer acht läßt. Doch bin ich mir nicht mehr gewiß, daß meine Seele lebt, als ich es bin, daß die Widernatur einer der Urtriebe des menschlichen Herzens ist – eine der unteilbaren Elementarkräfte oder -empfindungen, welche die Richtung des menschlichen Charakters bestimmen. Wer hat sich nicht schon hundertmal dabei ertappt, wie er etwas Schändliches oder Törichtes aus keinem anderen Grunde getan denn aus dem Wissen, daß er es *nicht* sollte? Verspüren wir nicht wider all unsere bessere Einsicht eine fortwährende Neigung, das zu verletzen, was *Gesetz* ist, nur weil wir es als solches verstehen? Dieser Widergeist nun sollte mich, wie gesagt, endgültig vernichten. Es war dies ergründliche Verlangen der Seele, *sich selbst zu quälen* – der eigenen Natur Gewalt anzutun – Unrecht zu tun allein um des Unrechts willen –, das mich dazu trieb, die dem harmlosen Tiere zugefügte Unbill fortzusetzen und schließlich zu vollenden. Eines Morgens legte ich ihm kühlen Blutes eine Schlinge um den Hals und hängte es am Aste eines Baumes auf; – erhängte es, wobei mir die Tränen aus den Augen strömten und die bitterlichste Reue mir das Herz beschwerte; – erhängte es, nur *weil* ich wußte, daß es mich geliebt hatte, und *weil* ich spürte, daß es mir keinerlei Grund zu Ärgernis gegeben; – erhängte es, *weil* ich wußte, daß ich damit eine Sünde beging – eine Todsünde, die meine unsterbliche Seele so gefährden würde, daß sie diese – falls derlei überhaupt möglich – selbst der unendlichen Gnade des Allbarmherzigen und Allschrecklichen Gottes entrückte.

In der Nacht nach jenem Tage, an welchem diese grausame Tat geschehen, ward ich vom Schrei »Feuer!« aus dem Schlafe geweckt. Die Vorhänge meines Bettes standen in Flammen. Das ganze Haus brannte lichterloh. Nur mit knapper Not konnten meine Frau, ein Dienstmädchen und ich der Feuersbrunst entkommen. Es ward alles zerstört. Mein gesamtes irdisches Hab und Gut war dahin, und ich ergab mich hinfort der Verzweiflung.

Ich bin über die Schwäche erhaben, zwischen dem Unglück und der Greueltat etwa einen Folgezusammenhang von Ursache und Wirkung herstellen zu wollen. Doch zähle ich eine Kette von Tatsachen auf – und möchte dabei auch nicht das geringste nur mögliche Glied aus- oder unvollständig lassen. Am Tage nach dem Brand besichtigte ich die Ruinen. Die Mauern waren, bis auf eine, eingestürzt. Und diese eine war eine nicht sehr starke Trennwand etwa in der Mitte des Hauses, an der das Kopfende meines Bettes gestanden hatte. Der Putz hatte hier weitgehend der Einwirkung des Feuers widerstanden – eine Tatsache, welche ich darauf zurückführte, daß er erst vor kurzem aufgetragen worden war. Um diese Mauer hatte sich eine dichte Menschenmenge versammelt, und viele Leute schienen mit recht peinlicher und angelegentlicher Aufmerksamkeit eine bestimmte Stelle zu mustern. Die Worte »sonderbar!«, »merkwürdig!« und andere ähnliche Ausrufe erregten meine Neugier. Ich trat näher und erblickte, gleichsam wie ein Basrelief in die weiße Fläche gemeißelt, die Gestalt einer riesengroßen *Katze*. Der Eindruck war von wahrhaft wunderbarer Genauigkeit. Um den Hals des Tieres lag eine Schlinge.

Als ich zuerst dieser Geistererscheinung ansichtig wurde – denn ich vermochte es kaum für weniger zu nehmen –, war ich außer mir vor Staunen und Entsetzen. Doch schließlich kam mir Nachdenken zu Hilfe. Die Katze hatte, so fiel mir ein, in einem an das Haus angrenzenden Garten gehangen. Auf den Feueralarm hin hatten sich sogleich die Menschen in den Garten gedrängt – und da mußte wohl einer das Tier vom Baume abgeschnitten und durch ein offenes Fenster in meine Schlafkammer geworfen haben. Dies war vermutlich in der Absicht geschehen, mich aus dem Schlafe zu wecken. Der Einsturz der anderen Wände hatte dann das Opfer meiner Grausamkeit in die Masse des frisch aufgeworfenen Putzes gepreßt; dessen Kalk nun hatte im Verein mit den Flammen und dem Ammoniak des Kadavers das Bild zustande gebracht, wie ich es sah.

Wiewohl ich solcherart meiner Vernunft, wenn nicht gänzlich meinem Gewissen, für den erschreckenden Umstand, wie ich ihn soeben geschildert, gar leicht und geschwind eine Erklärung gefunden hatte, verfehlte dieser doch nichtsdestoweniger, auf meine Phantasie einen tiefen Eindruck zu machen. Monatelang vermochte ich mich nicht von dem Bilde des Katers zu befreien; und während dieser Zeit kehrte in meinen Geist ein halbes Gefühl zurück, das Reue schien, aber keine war. Es kam soweit, daß ich den Verlust des Tieres bedauerte und mich in den üblen Spelunken, in denen ich nun Stammgast geworden, nach einem andern Haustiere derselben Art und einigermaßen ähnlicher Erscheinung umsah, das seine Stelle einnehmen sollte.

Eines Nachts, da ich halb betäubt in einer schon mehr als nur verrufenen Kaschemme saß, ward meine Aufmerksamkeit ganz plötzlich auf etwas Schwarzes gelenkt, das oben auf einem der ungeheuren Oxhoftfässer voll Gin oder Rum ruhte, aus denen die Einrichtung des Raumes hauptsächlich bestand. Ich hatte schon minutenlang unverwandt auf dieses Faß gestarrt, und was mir nun gar verwunderlich vorkam, war die Tatsache, daß ich das Ding dort oben nicht schon vorher bemerkt hatte. Ich trat hinzu und berührte es mit der Hand. Es war ein schwarzer Kater – ein sehr großes Tier –, genausogroß wie Pluto und ihm in jeder Hinsicht überaus ähnlich, nur in einer nicht. Pluto hatte nirgendwo an seinem Leibe ein weißes Haar besessen; doch dieser Kater hatte einen großen, obgleich nicht scharf umrissenen weißen Fleck, welcher nahezu die ganze Brust bedeckte.

Auf meine Berührung hin erhob er sich sogleich, schnurrte laut, rieb sich an meiner Hand und wirkte ob meiner Aufmerksamkeit recht entzückt. Dies war nun genauso ein Tier, wie ich es suchte. Sogleich erbot ich mich, es dem Wirte abzukaufen; der aber erhob gar keinen Anspruch darauf – kannte das Tier gar nicht – hatte es noch nie zuvor gesehen.

Ich streichelte das Tier immerzu weiter, und als ich mich anschickte, nach Hause zu gehen, zeigte das Tier Neigung, mich zu begleiten. Ich ließ es geschehen; hin und wieder, indes ich auf meinem Weg voranschritt, bückte ich mich und strich ihm übers Fell. Zu Hause angekommen, fühlte es sich sogleich heimisch und ward augenblicklich der Liebling meiner Frau.

Ich für mein Teil aber spürte bald eine Abneigung gegen das Tier in mir aufsteigen. Dies war nun genau das Gegenteil dessen, was ich erwartet hatte; doch – ich weiß nicht, wie es kam und warum das so war – seine offenkundige Zuneigung zu mir empfand ich als lästig und höchlich zuwider. Ganz langsam und allmählich steigerte sich dies Gefühl von Ekel und Verdruß zu erbittertem Haß. Ich mied die Kreatur; ein gewisses Schamgefühl und die Erinnerung an meine frühere grausame Tat hielten mich davon ab, ihr körperlich etwas zuleide zu tun. Es vergingen einige Wochen, da ich sie weder schlug noch anderweitig mißhandelte; doch allmählich – ganz langsam und allmählich – fing ich an, sie mit unsäglichem Widerwillen zu betrachten, und schweigend floh ich ihre verhaßte Gegenwart wie den Hauch der Pestilenz.

Was zweifellos meinen Haß auf das Tier noch verstärkte, war die Entdeckung, welche ich am andern Morgen gemacht, nachdem ich es mit heimgebracht hatte, daß ihm nämlich, genau wie Pluto, auch eines seiner Augen fehlte. Dieser Umstand jedoch machte es meiner Frau nur desto lieber, die, wie ich bereits gesagt habe, in hohem Maße jene Menschlichkeit des Fühlens besaß, wie sie einst auch für mein Wesen kennzeichnend und der Quell vieler meiner schlichtesten und reinsten Freuden gewesen war.

Mit meiner Abneigung gegen diesen Kater schien jedoch dessen Vorliebe für mich zu wachsen. Er folgte mir auf Schritt und Tritt mit einer Hartnäckigkeit, wie sie dem Leser wohl nur schwer begreiflich zu machen ist. Wann immer ich mich niedersetzte, hockte er sich unter meinen Stuhl oder sprang mir auf die Knie, um mich mit seinen widerwärtigen Liebkosungen zu überhäufen. Erhob ich mich, um wegzugehen, drängte er sich mir zwischen die Füße und brachte mich dadurch fast zu Fall, oder er schlug seine langen und scharfen Krallen in meinen Anzug, um auf diese Weise mir bis zur Brust hinaufzuklettern. Wiewohl es mich zu solchen Zeiten danach verlangte, ihn mit einem Hieb zu töten, ward ich dann doch davon zurückgehalten, zum Teil durch die Erinnerung an mein früheres Verbrechen, hauptsächlich aber – ich will es nur gleich bekennen – durch absolute *Furcht* vor diesem Tiere.

Es war dies nicht eigentlich Furcht vor körperlicher Unbill – und doch wüßte ich nicht so recht, wie ich es sonst benennen sollte. Beinahe schäme ich mich zu gestehen – ja, selbst hier in der Verbrecherzelle schäme ich mich beinahe zu gestehen –, daß all das Entsetzen und Grauen, welche das

Tier mir eingeflößt, noch größer gar geworden war durch ein Schreckbild, wie es schrecklicher sich nicht denken läßt. Mehr als einmal hatte meine Frau meine Aufmerksamkeit auf die Natur des Flecks von weißem Haar gelenkt, von welchem ich bereits gesprochen habe und der den einzigen sichtbaren Unterschied ausmachte zwischen dem fremden Tiere und jenem, welches ich umgebracht. Der Leser wird sich erinnern, daß diese Markierung zwar groß, ursprünglich aber doch sehr unbestimmt gewesen war; doch nach und nach – so ganz allmählich, ja beinahe unmerklich, so daß mein Verstand sich lange Zeit sträubte, es für etwas anderes denn Einbildung zu nehmen – hatte sie am Ende unerbittlich deutliche Umrisse angenommen. Sie stellte nun einen Gegenstand dar, den zu nennen mich schaudert – und um dessentwillen vor allem ich das Scheusal haßte und fürchtete und mich seiner entledigt hätte, *hätt ich es nur gewagt* – es war nun, wie gesagt, das Abbild eines greulichen – eines gespenstisch grausigen Dinges – es war ein GALGEN! – oh, finstres, gräßlich Werkzeug des Schreckens und des Frevels – der Seelenangst, des Todes!

Und nun war ich wahrlich elender denn alles Elend bloßer Menschennatur. Und *eine unvernünftige Kreatur*, deren Artgenossen ich verachtungsvoll getötet – *ein unvernünftig Vieh* hatt es vollbracht, *mir* – mir, einem Menschen, geschaffen zum Bilde des Höchsten Gottes – so viel unerträglichen Leids zu tun! Ach! weder bei Tage noch bei Nacht kannt ich mehr der Ruhe Segen! Tagsüber ließ das Tier mich nicht einen Augenblick allein; und des Nachts schreckt ich aus dem unaussprechlichen Grauen grausiger Träume wohl stündlich auf, um den heißen Odem *des Dinges* auf meinem Gesicht zu spüren und sein ungeheuerliches Gewicht – ein fleischgewordener Alp – den abzuschütteln ich nicht vermochte – lastend immerdar auf meinem *Herzen*!

Unter dem Drucke solcher Qualen erlag auch der letzte Rest, der noch an Gutem in mir war. Böse Gedanken wurden meine einzigen Vertrauten – die schwärzesten und schlimmsten aller Gedanken. Die Übellaunigkeit meines gewöhnlichen Naturells steigerte sich zum Haß auf alle Dinge und die ganze Menschheit; indes mein Weib, klaglos, ach, die sanftmütigste aller Dulderinnen, unter den häufigen, jähen und zügellosen Zornesausbrüchen, denen ich mich nun blindwütig hingab, am meisten zu leiden hatte.

Eines Tages begleitete sie mich auf irgendeinem Haushaltsgange in den Keller des alten Gebäudes, das unsere Armut uns zu bewohnen zwang. Der Kater folgte mir die steile Treppe hinab, und als ich seinetwegen beinahe kopfüber hinabgestürzt wäre, packte mich rasende Wut. In meinem Zorne vergaß ich die kindische Furcht, welche bislang meiner Hand gewehrt hatte, hob eine Axt und holte zu einem Streiche gegen das Tier aus, der ihm natürlich auf der Stelle tödlich geworden wäre, hätte er getroffen, wie ich es wünschte. Doch dieser Streich ward von der Hand meiner Frau aufgehalten. Ob dieses Eingreifens zu mehr denn teuflischer Wut gereizt, entwand ich meinen Arm ihrem Griffe und grub die Axt ihr ins Gehirn. Ohne ein Stöhnen fiel sie auf der Stelle tot um.

Nachdem diese greuliche Mordtat vollbracht, ging ich sogleich und in vollem Bedachte daran, den Leichnam zu verbergen. Ich wußte, daß ich ihn weder bei Tage noch bei Nacht aus dem Hause schaffen konnte, ohne Gefahr zu laufen, von den Nachbarn gesehen zu werden. So mancher Plan kam mir in den Sinn. Eine Zeitlang dachte ich daran, die Leiche in ganz kleine Teile zu zerstückeln und diese zu verbrennen. Dann wieder war ich entschlossen, im Kellerboden ein Grab dafür auszuheben. Darauf erwog ich, sie in den Brunnen im Hof zu werfen – oder sie unter den üblichen Vorkehrungen wie eine Handelsware in eine Kiste zu packen und diese dann von einem Gepäckträger aus dem Hause holen zu lassen. Schließlich verfiel ich auf etwas, das mir ein weit besseres Verfahren dünkte denn alles Bisherige. Ich beschloß, die Leiche im Keller einzumauern – so wie es im Mittelalter die Mönche mit ihren Opfern getan haben sollen.

Zu einem solchen Zwecke war der Keller wohl geeignet. Seine Mauern waren locker gebaut und erst kürzlich ringsum mit einem groben Mörtel verputzt worden, der in der feuchten Luft noch nicht hart geworden war. Überdies befand sich in einer der Wände ein Vorsprung, wo einmal ein blinder Kamin oder Schornstein gewesen, den man ausgefüllt und dem übrigen Keller angeglichen hatte. Ich zweifelte nicht im mindesten, daß ich an dieser Stelle leicht die Ziegel entfernen, den Leichnam hineinstecken und das Ganze wieder zumauern könne wie zuvor, so daß kein Auge irgend etwas Verdächtiges zu entdecken vermöchte.

Und in dieser Rechnung sah ich mich nicht getäuscht. Mit Hilfe eines Brecheisens entfernte ich leicht die Ziegel, und nachdem ich die Leiche sorgsam gegen die Innenwand gelehnt hatte, stützte ich sie in jener Stellung ab und richtete mit wenig Mühe den ganzen Maueraufbau wieder so her, wie er ursprünglich dagestanden hatte. Nachdem ich mit jeder nur erdenklichen Vorsicht Mörtel, Sand und Haare beschafft hatte, stellte ich einen Putz her, der von dem alten nicht zu unterscheiden war, und trug ihn sehr sorgfältig auf das Mauerwerk auf. Als ich damit fertig, war ich zufrieden, daß alles in rechter Ordnung sei. Die Mauer bot nicht im mindesten den Anschein irgendeines Eingriffs. Den Schutt auf dem Boden beseitigte ich mit peinlichster Sorgfalt. Triumphierend schaute ich mich um und sprach bei mir: – ›Hier wenigstens ist meine Mühe nicht umsonst gewesen.‹

Als nächstes suchte ich nach dem Tiere, welches die Ursache so vielen Elends gewesen war; denn ich war endlich fest entschlossen, es zu töten. Hätte ich es in diesem Augenblick zu entdecken vermocht, so wäre sein Schicksal besiegelt gewesen; doch wie es schien, war das schlaue Tier ob der Heftigkeit meiner vorherigen Wut gewarnt und vermied es, mir bei meiner derzeitigen Gemütsverfassung unter die Augen zu kommen. Es ist unmöglich, zu beschreiben oder auch nur sich vorzustellen, welch tiefes, welch seliges Gefühl der Erleichterung die Abwesenheit der verhaßten Kreatur mir im Busen weckte. Auch während der Nacht zeigte sie sich nicht – und so schlief ich denn, seit ich sie damals mit ins Haus gebracht hatte, wenigstens eine Nacht tief und fest; jawohl, *schlief*, sogar mit der Last des Mordes auf meiner Seele!

Der zweite und der dritte Tag vergingen, und noch immer kam mein Peiniger nicht. Wieder konnte ich als freier Mensch atmen. In seiner Angst war das Untier für immer aus dem Hause geflohen! Ich müßte es nimmer mehr wiedersehen! Ich war überglücklich! Die Schuld meiner finsteren Tat störte mich dabei nur wenig. Einige wenige Nachforschungen waren erfolgt, doch hatte ich alles prompt und willig beantwortet. Sogar eine Haussuchung hatte man vorgenommen – aber zu entdecken war natürlich nichts gewesen. Ich betrachtete also mein künftiges Glück als gesichert.

Am vierten Tage nach dem Meuchelmord erschien völlig unerwartet eine Abordnung der Polizei im Haus und ging abermals daran, das Anwesen gründlich zu durchsuchen. Doch der Unerforschlichkeit meines Versteckes gewiß, empfand ich nicht die mindeste Beunruhigung. Die Beamten forderten mich auf, sie bei ihrer Suche zu begleiten. Kein Winkel, keine Ecke blieb undurchsucht. Schließlich stiegen sie zum dritten oder vierten Male in den Keller hinab. Ich zitterte mit keinem Muskel. Mein Herz schlug ruhig wie das eines Mannes, der den Schlaf des Gerechten schläft. Ich durchschritt den Keller von einem Ende zum andern. Die Arme über der Brust verschränkt, ging ich leichten Schritts auf und ab. Die Polizisten waren es vollauf zufrieden und schickten sich an zu gehen. Die Freude in meinem Herzen aber war zu groß, als daß ich sie hätte unterdrücken können. Ich brannte darauf, wenigstens ein einziges Wort zu meinem Triumphe zu sagen und sie in ihrer Überzeugung von meiner Schuldlosigkeit doppelt sicher zu machen.

»Meine Herren«, sprach ich schließlich, als die Polizisten die Treppe schon hinaufstiegen, »ich freue mich, daß ich's vermocht, Ihre Verdächtigungen zu zerstreuen. Ich wünsche Ihnen allen Gesundheit und ein wenig mehr Höflichkeit. Übrigens, meine Herren, das – das Haus hier ist sehr gut gebaut.« (In dem tollen Verlangen, etwas leicht dahinzusagen, wußte ich kaum noch, was ich eigentlich redete.) – »Ja, ich darf wohl sagen, ein *ausnehmend* gut gebautes Haus. Diese Wände – Sie wollen schon gehen, meine Herren? –, diese Mauern sind fest zusammengefügt« – und damit pochte ich, im bloßen Überschwange prahlerischer Herausforderung, kräftig mit einem Stocke, den ich in der Hand hielt, genau auf diejenige Stelle der Ziegelmauer, dahinter der Leichnam – das Weib meines Herzens – stand.

Doch möge Gott mich beschützen und aus den Fängen des Erzfeindes erlösen! Kaum war der Widerhall meiner Schläge in Stille verklungen, da gab mir eine Stimme aus dem Grabesinnern Antwort! – ein Schrei, zuerst gedämpft, gebrochen, dem Schluchzen eines Kindes gleich, und dann rasch anschwellend zu einem langen, lauten und anhaltenden Geschrei, ganz widernatürlich und gar nicht menschlich – ein Heulen – ein klagendes Geschrill, aus Grauen halb und halb aus Triumph, wie es allein aus der Hölle aufsteigen mag, vereint aus den Kehlen der Verdammten in ihrer Pein und der Dämonen, die jauchzen und frohlocken ob der Verdammnis.

Torheit wär's, wollte ich davon sprechen, was ich selber da gedacht. Ohnmächtig wankte ich zur gegenüberliegenden Wand. Einen Augenblick lang verharrten die Männer auf der Treppe reglos im Übermaß von Entsetzen und Furcht. Im nächsten aber mühte sich ein Dutzend starker Arme an der

Mauer. Sie fiel zusammen. Der Leichnam, bereits stark verwest, das Blut darauf geronnen, stand aufrecht vor den Augen der Betrachter. Auf seinem Kopfe aber saß, den roten Rachen aufgerissen, das einzige Auge feuersprühend, die abscheuliche Bestie, deren Verschlagenheit mich zum Morde verführt und deren anklagende Stimme mich dem Henker überliefert hatte. Ich hatte das Untier mit ins Grab gemauert!

Die Katze und der Teufel

Mein lieber Stevie!

Vor ein paar Tagen habe ich Dir eine Katze voll Leckereien geschickt, aber vielleicht kennst Du ja die Geschichte von der Katze von Beaugency noch gar nicht. Beaugency ist ein winziges altes Städtchen am Ufer der Loire, das ist der längste Strom in ganz Frankreich. Er ist auch ein sehr breiter Strom, wenigstens für Frankreich. Bei Beaugency ist er so breit, daß man mindestens tausend Schritte brauchen würde, um vom einen Ufer zum anderen zu kommen.

Vor langer Zeit mußten die Leute von Beaugency, wenn sie zum andern Ufer hinüberwollten, in einem Schiff über den Strom fahren, denn es gab noch keine Brücke. Und selber eine bauen konnten sie auch nicht oder jemanden anderen dafür anstellen und bezahlen. Was sollten sie da nun machen?

Der Teufel, der ja immer die Zeitungen liest, hörte von ihrer Not; so zog er sich fein an und kam, um dem Bürgermeister von Beaugency einen Besuch zu machen, dessen Name Monsieur Alfred Byrne war. Dieser Bürgermeister zog ebenfalls gern schöne Kleider an. Er trug eine scharlachrote Robe und hatte stets eine große goldene Kette um den Hals hängen, sogar wenn er fest in seinem Bett schlief und die Knie in den Mund steckte.

Der Teufel erzählte nun dem Bürgermeister, was er in der Zeitung gelesen hatte, und sagte, er könnte den Leuten von Beaugency eine Brücke bauen, auf der sie den Strom überqueren könnten, sooft sie nur wollten. Die Brücke, die er machen könnte, wäre eine der allerbesten, versprach er, und er würde sie in einer einzigen Nacht fertigstellen. Der Bürgermeister fragte ihn, wieviel Geld er dafür verlangen würde, so eine Brücke zu bauen. Überhaupt kein Geld, meinte der Teufel, ich verlange nur, daß die erste Person, die über die Brücke gehen wird, mir gehören soll. Abgemacht, sagte der Bürgermeister.

Es wurde Nacht, alle Leute in Beaugency legten sich zu Bett und schliefen. Dann kam der Morgen. Und als sie die Köpfe aus den Fenstern streckten, riefen alle: O Loire, was für eine herrliche Brücke. Denn sie sahen eine herrliche, starke, steinerne Brücke über die Loire geschlagen.

Alle Leute liefen hinunter zum Kopf der Brücke und guckten hinüber. Dort, auf der anderen Seite, stand der Teufel und wartete auf die erste Person, die herüberkommen würde. Aber niemand getraute sich hinüberzugehen, aus Angst vor dem Teufel.

Da hörte man einen Trompetenstoß – das war ein Zeichen, daß die Leute still sein sollten –, und der Bürgermeister M. Alfred Byrne erschien in seiner scharlachroten Robe und mit der schweren goldenen Kette um den Hals. Er hatte einen Kübel Wasser in der einen Hand, und unter dem Arm – seinem andern Arm – da trug er die Katze. Der Teufel hörte gleich auf zu tanzen, als er ihn auf der anderen Seite der Brücke kommen sah, und setzte sein langes Fernrohr an.

Alle Leute flüsterten einander zu, und die Katze schaute hinauf zum Bürgermeister, denn im Städtchen Beaugency war es wohl erlaubt, daß eine Katze einen Bürgermeister ansah. Als sie es überdrüssig wurde, den Bürgermeister anzuschauen (denn auch eine Katze bekommt einmal genug davon, einen Bürgermeister anzusehen), begann sie mit der schweren goldenen Kette des Bürgermeisters zu spielen.

Als nun der Bürgermeister bei der Brücke ankam, hielt jeder Mann den Atem an und hielt jede Frau ihren Mund.

Der Bürgermeister setzte die Katze auf die Brücke nieder, und bevor sich jemand versah – platsch! –, da goß er den ganzen Kübel Wasser über sie aus.

Die Katze, die nun zwischen dem Teufel und dem Kübel Wasser war, entschloß sich rasch und eilte mit zurückgelegten Ohren über die Brücke und dem Teufel geradewegs in die Arme.

Der Teufel war fuchsteufelswild. »Messieurs les Balgentiens«, schrie er über die Brücke hinüber, »vous n'êtes pas de belles gens du tout! Vous n'êtes que des chats!« Und zu der Katze sprach er: »Viens ici, mon petit chat! Tu as peur, mon petit chou-chat? Tu as froid mon pau petit chou-chat? Viens ici, le diable t'emporte! On va se chauffer tous les deux.«

Und weg ging er mit der Katze. Und seit jener Zeit nennt man die Leute dieses Städtchens »les chats de Beaugency«. Aber die Brücke steht noch immer dort, und die Buben gehen und fahren und spielen auf ihr.

Hoffentlich gefällt Dir diese Geschichte.

Nonno

PS. Der Teufel redet meistens eine ganz eigene Sprache, die Bellsygebabbel heißt und die er selber so zusammenreimt, wie's gerade kommt, doch wenn er sehr zornig ist, kann er ganz ordentlich schlechtes Französisch sprechen, obgleich einige, die ihn gehört haben, sagen, die Aussprache klinge sehr stark nach Dublin.

MAXIM GORKI
Sasubrina

Das runde Fenster meiner Zelle ging auf den Gefängnishof. Es lag sehr hoch, doch wenn ich den Tisch an die Wand rückte und hinaufkletterte, konnte ich alles sehen, was draußen vor sich ging. Über dem Fenster, unter dem Dach, hatten Tauben ihr Nest gebaut, und wenn ich aus dem Fenster auf den Hof sah, gurrten sie über meinem Kopf.

Ich hatte ausreichend Zeit, von meinem erhöhten Ausguck aus die Insassen des Gefängnisses kennenzulernen, und ich wußte: Der Lustigste unter all den finsteren, grauen Gestalten hier hieß Sasubrina ...

Er war ein dicker, untersetzter Bursch mit rotem Gesicht und hoher Stirn, unter der die großen hellen Augen stets munter blitzten.

Seine Mütze trug er im Nacken, die Ohren standen höchst lächerlich von seinem geschorenen Kopf ab, das Band seines Hemdkragens war nie zugebunden, die Jacke nie zugeknöpft, und jede Bewegung ließ erkennen: dies war ein Mensch, unfähig, traurig oder zornig zu sein.

Immer lachend, immer beweglich, immer laut, war Sasubrina der Liebling des Gefängnisses; stets war er von einer Schar seiner grauen Genossen umringt, und er belustigte und zerstreute sie durch allerlei drollige Streiche. Seine ehrliche Heiterkeit verschönte dieses triste öde Leben hier.

Einmal kam er aus seiner Zelle mit drei geschickt an eine Leine gespannten Ratten. Sasubrina rannte auf dem Hof hinter ihnen her und rief dabei, jetzt fahre er Troika. Die von seinem Geschrei geradezu rasend gemachten Ratten sausten kreuz und quer, und die Gefangenen, die zusahen, freuten sich wie die Kinder über den dicken Sasubrina und seine Troika.

Er schien überzeugt, einzig und allein zur Belustigung seiner Mitmenschen dazusein, und scheute deshalb auch vor nichts zurück, dies zu erreichen. Manchmal freilich nahm sein Einfallsreichtum grausame Formen an. So klebte er zum Beispiel einmal das Haar eines schlafend auf der Erde mit dem Rücken zur Wand sitzenden Jungen mit irgend etwas an die Wand an und weckte ihn dann jäh auf. Der Junge sprang schnell hoch und fiel sofort wieder zu Boden, wobei er sich aufweinend mit seinen dünnen, mageren Ärmchen nach dem Kopf griff. Die Gefangenen lachten, und Sasubrina war zufrieden. Später – ich sah es von meinem Fenster aus – liebkoste er den Jungen, von dessen Haar ein reichliches Büschel an der Wand klebengeblieben war.

Außer Sasubrina gab es im Gefängnis noch einen allgemeinen Liebling – ein dickes rotes Kätzchen, ein kleines, von allen verwöhntes, munteres Tier. Jedesmal, wenn die Gefangenen zum Spaziergang in den Hof kamen, wußten sie es irgendwo zu finden und spielten dann lange mit ihm; sie gaben es von Hand zu Hand, jagten ihm über den Hof nach und ließen sich von ihm die Hände und die vom Spiel mit dem Liebling belebten Gesichter zerkratzen. Wenn die Katze auf dem Schauplatz erschien, wandte sich aller Aufmerksamkeit ihr zu und von Sasubrina ab. Mit solcher Bevorzugung aber konnte Sasubrina sich keinesfalls zufriedengeben. Denn er war seinem ganzen Wesen nach Künstler und als Künstler ein Mensch mit allzu großem Geltungsbedürfnis und übersteigerter Eigenliebe. Sobald sich sein Publikum mit dem Kätzchen amüsierte, blieb er allein, hockte irgendwo auf dem Hof in einem Winkel und beobachtete von dort aus seine Genossen, die ihn nun vergessen hatten. Und ich beobachtete ihn von meinem Fenster aus und spürte all das, was seine Seele in solchen Augenblicken bewegte. Es war mir klar: Sasubrina mußte die Katze bei der ersten sich bietenden Gelegenheit totschlagen, und es tat mir in der Seele weh um den lustigen

Mitgefangenen, der stets so darauf aus war, der Mittelpunkt der allgemeinen Aufmerksamkeit zu sein. Von allem, was in einem Menschen vorgeht, wird die Seele durch nichts so schnell abgetötet wie durch die Begier, anderen Menschen zu gefallen.

Wenn man im Gefängnis sitzt, erscheint einem selbst das Wachstum der Pilze an der Wand interessant; so wird die Aufmerksamkeit verständlich, mit der ich von meinem Fenster aus das kleine Drama dort unten und diese Eifersucht eines Menschen auf eine Katze beobachtete, und verständlich ist auch die Ungeduld, mit der ich die Katastrophe erwartete. Und sie trat tatsächlich ein. Das kam so.

An einem hellen, sonnigen Tag, als die Gefangenen aus ihren Zellen auf den Hof strömten, entdeckte Sasubrina in einer Ecke des Hofes einen Eimer mit grüner Farbe, den die Maler stehenlassen hatten, als sie die Dächer des Gefängnisses strichen. Er trat heran, dachte nach, steckte einen Finger in die Farbe und machte sich seinen Schnurrbart grün. Dieser grüne Bart unter dem roten Gesicht erregte natürlich allgemeines Gelächter. Ein Halbwüchsiger, der es Sasubrina nachtun wollte, kam nicht dazu, denn Sasubrina tauchte die Hand in den Eimer und schmierte ihm flink das ganze Gesicht voll Farbe. Der Bursche prustete und schüttelte seinen Kopf, Sasubrina tanzte um ihn herum, und das Publikum schüttelte sich aus vor Lachen und feuerte seinen Spaßmacher mit Beifall an.

Genau in diesem Augenblick erschien das rote Kätzchen auf dem Hof. Langsam ging es über den Hof, hob zierlich die Pfötchen, ließ den hocherhobenen Schwanz spielen und hatte offensichtlich gar keine Angst, unter die Füße der Menge zu geraten, die um Sasubrina und den von ihm beschmierten Burschen herumtanzte, der mit aller Gewalt die klebrige Ölfarbe mit den Händen abzuwischen suchte.

»Brüder!« rief einer. »Miezchen ist da!«

»Ach, Miezchen, der kleine Schelm!«

»Die Rote ...! Das Kätzchen!«

Das Tierchen wurde hochgenommen und ging von Hand zu Hand, von allen gestreichelt und gehätschelt.

»Sieh, wie sich's sattgefressen hat! Wie dick sein Bäuchlein ist!«

»Wie schnell es wächst!«

»Er kratzt, der kleine Teufel!«

»Laß es! Soll's doch rumspringen!«

»Ho – ich halt den Rücken hin... Spring, Miezchen!«

Um Sasubrina wurde es leer. Er stand allein, wischte sich mit den Fingern die Farbe vom Bart und blickte auf das Kätzchen, das über Rücken und Schultern der Gefangenen sprang. Wollte es bei einem auf der Schulter sitzen bleiben, so schüttelte der das Kätzchen ab, das dann schnell auf die nächste Schulter sprang. Das machte allen so viel Spaß, daß das Lachen nicht aufhören wollte.

»Brüder! Wir wollen die Katze färben!« ertönte da Sasubrinas Stimme. Es klang so, als sei sein Vorschlag zu dieser neuen Belustigung zugleich eine Bitte um Einverständnis.

Sofort ging ein Lärmen los.

»Davon wird sie krepieren!« rief einer.

»Von der Farbe? Red doch keinen Unsinn!«

»Los, Sasubrina! Mach fix!«

Ein Breitschultriger mit feuerrotem Bart schrie: »Da hat sich der Satan wieder einen schönen Streich ausgedacht!«

Schon hielt Sasubrina die Katze in den Händen und ging mit ihr zu dem Farbeneimer.

Seht, Brüder, sehet hier ...

sang Sasubrina,

die rote Katze färben wir
in der grünen Farbe ganz –
und dann gibt es einen Tanz.

Eine Lachsalve erdröhnte, die Gefangenen hielten sich die Seiten, sie traten auseinander, und ich konnte sehen, wie Sasubrina das Kätzchen am Schwanz hielt, es in den Eimer tauchte und heruntertanzend sang:

> Halt, nicht miaut,
> den Taufpaten nicht gekraut!

Das Gelächter schwoll an. Einer kicherte mit dünner Stimme: »Oh – oh – oh! Oh, du dickwanstiger Spaßvogel!«

»Ach, Batjuschki...!« stöhnte ein anderer.

Das Lachen wollte ihnen fast den Atem nehmen, ihre Körper krümmten sich, es schallte und dröhnte über den Hof – gewaltig, sorglos, und steigerte sich fast bis zur Hysterie. Lachende Gesichter, von weißen Tüchern umrahmt, sahen aus den Fenstern der Frauenabteilung auf den Hof. Der an der Mauer lehnende Aufseher hielt sich den dicken Bauch mit den Händen und stieß ein lautes, tiefes, erstickendes Gelächter aus.

Lachend zerstreute sich alles. Sasubrina aber tanzte, wirbelte die Beine, sprang tief in die Hocke, schnellte sich hoch und sang dazu:

> Ei, lustig ist das Leben, schau!
> War einst 'ne graue Katzenfrau,
> und ihr roter Katersohn
> geht jetzt grüngefärbt davon!

»Genug, genug, hol dich der Teufel!« schrie stöhnend der Rotbart.

Aber jetzt war Sasubrina erst in Stimmung. Um ihn dröhnte das tolle Gelächter all der grauen Menschen, und er wußte, daß er allein es war, der dieses Lachen herbeigezaubert hatte. Jede Geste, jede Grimasse seines beweglichen Hanswurstgesichts ließ dieses Bewußtsein deutlich werden, und sein ganzer Leib zuckte und bebte im Genuß dieses Triumphes. Hoch hielt er die grüne Katze über dem Kopf, schüttelte das Zuviel an Farbe aus ihrem Fell, tanzte unermüdlich in der Ekstase des Künstlers, der sich seines Sieges über die Masse bewußt ist, und improvisierte dazu:

> Meine lieben Brüder, seht,
> was in dem Kalender steht;
> die Katze muß 'nen Namen ha'n,
> daß daß man sie danach nennen kann.

Alles ringsum lachte – es lachte die von stürmischer Heiterkeit erfaßte Menge der Gefangenen, es lachte die Sonne auf den eisenvergitterten Fensterscheiben, es lachte der blaue Himmel über dem Gefängnishof, und es war, als lachten selbst die alten, schmutzigen Mauern, mit dem Lächeln eines Wesens, das seine Heiterkeit unterdrücken muß, damit sie nicht allzu laut werde. Auch die weiblichen Strafgefangenen lachten hinter ihren Gitterfenstern, und weiße Zähne blinkten in der Sonne.

Alles ringsum war wie verwandelt, das öde Grau war abgeworfen, jenes Grau, das so trostlos stimmte, so mutlos machte. Alles lebte auf, durchdrungen und mitgerissen von diesem reinigenden Lachen, das, wie die Sonne, sogar den Schmutz zwingt, sauberer zu erscheinen.

Sasubrina hatte das grüngefärbte Kätzchen auf das Gras gelegt, das hier und da zwischen den Steinen wuchs und dem Gefängnishof etwas Farbe gab, und immer noch führte er schwitzend, atemlos, erregt seinen wilden Tanz auf.

Aber jetzt erlosch das Gelächter. Es hatte alles Maß überschritten und die Lachenden ermüdet. Der eine und der andere winselte noch hysterisch, einige lachten noch, aber schon mit Pausen... Und schließlich kam der Augenblick, da alle verstummten; Sasubrina sang und tanzte immer noch, und das Kätzchen, das mühselig über den Rasen kroch, miaute leise und kläglich. Es war in der Farbe vom Gras kaum zu unterscheiden und kroch – wahrscheinlich durch die Farbe geblendet und in seinen Bewegungen gehindert – dahin, dickköpfig und klebrigglatt, auf zitternden Beinchen, blieb liegen, wie an den Rasen geklebt, und miaute in einem fort ...

> Kommt, ihr Leut, und seht,
> der grüne Kater geht,
> seht, die früher rote Katz
> findet heute keinen Platz.

So sang Sasubrina zu den Bewegungen des Kätzchens.

»Sieh an, wie geschickt!« sagte der Rothaarige. Das Publikum betrachtete seinen Künstler mit übersättigten Augen.

»Wie's miaut«, sagte der Halbwüchsige mit einer Kopfbewegung nach dem Kätzchen hin und sah seine Kameraden an. Sie schwiegen und beobachteten das Tierchen.

»Bleibt's denn nun sein Leben lang grün?« fragte der Junge.

»Wie lange wird's denn noch leben?« fragte ein großer Grauhaariger und hockte sich neben dem Kätzchen nieder. »Die Farbe trocknet in der Sonne, die Haare kleben ihm zusammen, es wird krepieren ...«

Das Kätzchen miaute herzzerreißend – und jetzt bewirkten diese Klagelaute bei den Gefangenen einen Stimmungsumschwung.

»Es krepiert ...!« rief der Junge. »Und wenn man es abwäscht?«

Keiner antwortete. Das winzige grüne Klümpchen quälte sich zu Füßen dieser rauhen Menschen, bemitleidenswert in seiner Hilflosigkeit.

»Hui! Ich bin wie gebraten!« rief Sasubrina und warf sich erschöpft auf die Erde. Keiner achtete auf ihn.

Der Junge näherte sich dem Tierchen, nahm es in die Hand, legte es aber sofort wieder auf den Rasen und sagte:

»Es ist ganz heiß ...«

Dann sah er die Kameraden an und sprach in traurigem Ton:

»So geht's dem Miezchen! Und wir werden kein Miezchen mehr haben! Warum habt ihr das arme Tier umgebracht...?«

»Ach, es wird sich schon wieder erholen«, meinte der Rothaarige.

Das grüne mißhandelte Geschöpfchen kroch noch immer über den Rasen, zwanzig Augenpaare folgten ihm, aber auf keinem Gesicht lag auch nur noch der Schatten eines Lächelns. Alle waren finster, alle stumm, alle wurden so traurig wie das Kätzchen, so als hätte sich ihnen sein Leiden mitgeteilt, und alle fühlten seine Qualen mit.

In schmerzlichem Hohn lachte der Junge auf: »Es wird sich wieder erholen...« Er erhob seine Stimme: »Was nicht noch... Wir hatten das Miezchen..., alle hatten wir es lieb... Warum quält ihr es so? Schlagt's doch lieber tot...«

»Und wer hat's getan?« rief der Rothaarige böse. »Der da ist der Anstifter, der Satan!«

»Na«, sagte Sasubrina ausweichend, »wir alle zusammen wollten es doch...« Und er krümmte sich wie vor Kälte.

»Alle zusammen!« äffte ihn der Junge nach... »Auch noch. Du allein bist schuld... du... ja!«

»Ach, du Schaf, blök nicht«, entgegnete Sasubrina geringschätzig.

Der grauhaarige Alte nahm das Kätzchen in die Hände, untersuchte es eingehend und meinte: »Wenn man's in Petroleum baden könnte, ginge die Farbe ab!«

»Na, und meine Meinung ist, man sollte es am Schwanz nehmen und über die Mauer werfen«, lachte Sasubrina. »Das ist das allereinfachste!« – »So-o?« brüllte der Rothaarige los. »Und wenn ich das mit dir täte? Willst du?«

»Du Teufel!« schrie der Junge Sasubrina an, riß die Katze aus den Händen des Alten und stürzte davon, gefolgt von dem Alten und einigen anderen.

Sasubrina stand allein, in einem Kreis von Menschen, die ihn nun mit bösen, finsteren Augen ansahen. Es war, als erwarteten sie etwas von ihm.

»Ich war's doch nicht allein, Brüder!« sagte Sasubrina kläglich.

»Halt's Maul!« rief der Rothaarige, sich im Hof umsehend. »Nicht allein! Wer vielleicht denn noch?«

»Ja, aber alle doch...«, entfuhr es dem Spaßmacher.

»Uh – du Hund!«

Der Rothaarige stieß ihm seine Faust ins Gesicht. Der Künstler wankte, aber schon traf ihn von hinten ein Schlag ins Genick.

»Brüderchen...«, flehte er angstvoll. Aber seine Brüderchen hatten gesehen, daß die beiden Aufseher weitab waren. Ganz dicht umringten sie Sasubrina, und so schlugen sie auf ihren Liebling ein. Ein paar Hiebe streckten ihn nieder. Von fern konnte man meinen, dort stehe eine dichtgeschlossene Gruppe, die sich lebhaft unterhält. Von seinen Kameraden umringt und verdeckt, lag Sasubrina am Boden. Ab und zu gab es einen dumpfen Laut: dann stießen sie ihn mit den Füßen in die Rippen. Sie taten es ohne Hast, und sie warteten dabei, bis der wie eine Schlange sich windende Mensch ihren Fußtritten eine besonders günstige Gelegenheit bot.

Drei Minuten vergingen so. Da plötzlich schrie der Aufseher:

»He, ihr Teufel! Auseinander da!« – Doch die Gefangenen hörten nicht sofort auf, Sasubrina zu peinigen. Einer nach dem andern ging langsam fort, aber jeder verabschiedete sich im Weggehen mit einem Fußtritt von seinem Opfer. – Als sie auseinandergegangen waren, blieb Sasubrina auf der Erde liegen, die Brust nach unten. Seine Schultern bebten – wahrscheinlich weinte er –, er hustete und spie. Dann versuchte er vorsichtig, als habe er Angst zu zerbrechen, sich von der Erde aufzurichten; mit der Linken stützte er sich auf, zog ein Bein an und setzte sich so auf den Boden. Dabei winselte er wie ein kranker Hund.

»Laß dir ja nichts anmerken!« rief der Rothaarige drohend.

Sasubrina drehte sich herum und stand schnell auf.

Wankend ging er auf die Gefängnismauer zu, eine Hand an die Brust gepreßt, die andere nach vorn gestreckt. So lehnte er sich an die Wand, senkte den Kopf, hustete ...

Ich sah, wie dunkle Tropfen auf die Erde fielen; ich erkannte deutlich, wie sie vor dem grauen Hintergrund der Mauer erschienen und wieder verschwanden. Und um das Staatsgebäude nicht mit seinem Blut zu besudeln, gab sich Sasubrina alle Mühe, daß kein Tropfen an die Wand kam.

Er wurde ausgelacht...

Das Kätzchen war seit jener Zeit verschwunden. Und Sasubrina brauchte sich mit niemandem mehr in der Gunst der Gefängnisinsassen zu teilen.

Die Moschuskatze

Es ist wirklich anständig von Ihnen, mich hier aufzusuchen, Harringay. Glauben Sie mir, ich rechne Ihnen das hoch an. Nicht jeder vielbeschäftigte Anwalt würde sich soviel Mühe um einen so hoffnungslosen Klienten machen. Ich wünschte nur, ich könnte Ihnen eine Geschichte erzählen, mit der sich etwas anfangen ließe, aber offen gestanden kann ich Ihnen nur das sagen, was Peabody bereits von mir gehört hat. Ich weiß natürlich, daß er kein Wort davon glaubt, und nehme es ihm nicht übel. Er ist der Ansicht, daß ich eine glaubwürdigere Geschichte erfinden könnte – und damit hat er wahrscheinlich recht, aber was hat das für einen Zweck? Man fällt doch irgendwo herein, wenn man sich in Lügen verstrickt. Was ich Ihnen jetzt sage, ist die absolute Wahrheit. Ich habe einen einzigen Schuß abgefeuert, und nur diesen einen. Und zwar auf die Katze. Komisch, daß man gehängt werden soll, weil man auf eine Katze geschossen hat.

Merridew und ich waren stets die besten Freunde; schon auf der Schule und der Universität. Nach dem Kriege sahen wir nicht viel von einander, weil wir in entgegengesetzten Teilen des Landes wohnten. Aber wir trafen uns von Zeit zu Zeit in London und schrieben uns gelegentlich; jeder von uns wußte, daß der andere sozusagen im Hintergrund existierte. Vor zwei Jahren schrieb er mir, daß er sich verheiraten würde. Er war gerade vierzig geworden, und das Mädchen war fünfzehn Jahre jünger, und er war maßlos in sie verliebt. Es versetzte mir einen ziemlichen Stoß – Sie wissen ja, wie es ist, wenn Ihre Freunde heiraten. Man hat das Gefühl, daß sie niemals wieder die alten sein werden, und ich hatte mich an den Gedanken gewöhnt, daß Merridew und ich geborene Junggesellen seien. Aber ich gratulierte ihm natürlich, schickte ihm ein Hochzeitsgeschenk und hoffte aufrichtig, daß er glücklich werden würde. Er war offenbar bis über beide Ohren verliebt – gefährlich verliebt –, obwohl es, abgesehen von dem Altersunterschied, anscheinend eine ganz passende Partie war. Er hatte sie ausgerechnet bei der Gartengesellschaft eines Pfarrers in Norfolk kennengelernt, und sie war noch nie aus ihrem Heimatdorf herausgekommen, nicht einmal zu einer Fahrt in die nächste Stadt. Ihr Vater war ein merkwürdiger Einsiedler – ein Kenner des Mittelalters, oder so etwas Ähnliches –, schrecklich arm. Er starb kurz nach ihrer Heirat.

Während des ersten Jahres nach der Hochzeit sah ich nichts von ihnen, Merridew ist nämlich Ingenieur, und er nahm seine Frau nach den Flitterwochen mit nach Liverpool, wo er am Hafen zu tun hatte. Es muß für sie eine große Veränderung gewesen sein nach der Einöde von Norfolk. Ich war damals in Birmingham und steckte bis über die Ohren in Arbeit. Wir tauschten daher nur gelegentliche Briefe aus. Seine Briefe kann ich nur als wahnsinnig glücklich bezeichnen, besonders zuerst. Später schien er sich um die Gesundheit seiner Frau zu sorgen. Sie war ruhelos; das Leben in der Stadt bekam ihr nicht; er war froh, als er seinen Job in Liverpool aufgeben und mit ihr auf dem Land leben konnte. Wohlverstanden, an ihrem Glück war nicht zu zweifeln. Er war ihr mit Leib und Seele zugetan und sie ihm ebenfalls, soweit ich feststellen konnte. Das möchte ich deutlich hervorheben.

Kurz und gut, Merridew schrieb mir zu Anfang des vorigen Monats und teilte mir mit, daß er eine neue Arbeit in Somerset angenommen habe. Er fragte an, ob ich mich nicht freimachen und einige Wochen mit ihnen zusammen verbringen könne. Sie hätten Zimmer im Gasthaus des Dorfes. Es sei ein ziemlich abgelegener Flecken, aber landschaftlich reizvoll und ein Anglerparadies, und ich könne Felicitas Gesellschaft leisten, während er am Damm arbeite. Ich hatte damals gerade genug von Birmingham und der Hitze, und der Vorschlag erschien mir verlockend. Außerdem standen mir Ferien zu. Also ging ich darauf ein. Ich hatte erst noch etwas in London zu erledigen, was mich voraussichtlich eine Woche in Anspruch nahm, und setzte daher meine Ankunft in Little Hexham auf den 20. Juni fest.

Zufällig wickelten sich meine Geschäfte in London unerwartet rasch ab, und am sechzehnten war ich frei. Ich hockte in einem Hotel, wo unter meinen Fenstern Preßluftbohrer und andere Baumaschinen einen Höllenlärm machten. Sie erinnern sich wohl noch an diesen glühendheißen Juni? Ich hielt es für sinnlos, länger zu warten. Also schickte ich Merridew ein Telegramm, packte meine Koffer und fuhr noch am selben Abend nach Somerset. Ich konnte kein Abteil für mich allein bekommen, entdeckte aber ein Raucherabteil erster Klasse, in dem nur drei Plätze besetzt waren, und drückte mich dankbar in die vierte Ecke. Die anderen Fahrgäste waren ein militärisch aussehender alter Herr, eine alte Jungfer mit einer Unmenge von Koffern und Körben und ein junges Mädchen. Ich glaubte, eine angenehme, ruhige Reise vor mir zu haben.

Diese Vermutung hätte sich auch erfüllt, wenn ich nicht so unglücklich veranlagt wäre. Zuerst war alles in bester Ordnung. Ich duselte sogar ein und wachte erst um sieben Uhr wieder auf, als der Kellner zum Abendessen aufforderte. Die anderen gingen nicht zum Essen, und als ich aus dem Speisewagen zurückkam, war der alte Herr verschwunden. Nur die beiden Frauen waren noch da. Ich machte es mir wieder in meiner Ecke gemütlich, aber nach einer Weile beschlich mich das gräßliche Gefühl, daß irgendwo im Abteil eine Katze sei. Ich gehöre zu jenen unglückseligen Leuten, die Katzen nicht ertragen können. Nicht daß ich Hunde vorziehe – aber die Anwesenheit einer Katze im selben Raum übt eine verheerende Wirkung auf mich aus. Ich kann es nicht beschreiben, aber ich glaube, es geht einer ganzen Reihe von Leuten ebenso. Soll mit Elektrizität zu tun haben, wie man mir erklärt hat. Ich habe gelesen, daß die Abneigung oft auf beiden Seiten besteht. In meinem Falle leider nicht. Die Biester finden mich im Gegenteil faszinierend und schießen jedesmal auf meine Beine los. Ein komisches Leiden, das mich bei alten Damen gerade nicht beliebt macht.

Auf alle Fälle ging es mir von Minute zu Minute schlechter, und ich kam zu der Überzeugung, daß die alte Dame in einem ihrer Körbe eine Katze haben mußte. Ich überlegte, ob ich sie bitten sollte, den Korb in den Gang zu stellen, oder ob ich den Schaffner rufen sollte. Aber ich war mir bewußt, wie lächerlich das klingen würde, und nahm mir vor, die Zähne zusammenzubeißen. Ich versuchte mich abzulenken, indem ich das junge Mädchen betrachtete.

Der Anblick lohnte sich – sie war sehr schlank, dunkel, und ihre weiße Haut erinnerte an Magnolienblüten. Auch hatte sie die seltsamsten Augen der Welt: ein sehr blasses Braun, fast bernsteinfarben, weit auseinanderliegend und etwas schräggestellt, und sie schienen eine eigene Leuchtkraft zu besitzen. Aber denken Sie jetzt nicht, daß es mich erwischt hätte. Sie besaß durchaus keine Anziehungskraft für mich, doch konnte ich mir vorstellen, daß ein anderer Mann ganz wild auf sie sein mochte. Sie war einfach ungewöhnlich, weiter nichts. Aber wie sehr ich mich auch abzulenken versuchte, ich konnte des unbehaglichen Gefühls nicht Herr werden. Schließlich gab ich auf und trat auf den Gang. – Wenn Sie sich nur vorstellen könnten, wie elend mir in Gegenwart einer Katze wird – selbst wenn sie in einem Korb verschlossen ist –, Sie würden verstehen, wie ich dazu kam, den Revolver zu kaufen!

Nun, wir kamen in Hexham Junction, der Bahnstation von Hexham an, und da stand der gute Merridew auf dem Bahnsteig und wartete. Die junge Dame stieg ebenfalls aus, und ich stellte gerade ihre Siebensachen auf den Bahnsteig, als er herbeieilte und uns begrüßte.

»Hallo!« rief er. »Das ist ja prächtig. Habt ihr euch schon miteinander bekannt gemacht?« Da ging mir auf, daß das Mädchen Mrs. Merridew war, die in London Einkäufe gemacht hatte. Ich erklärte ihr, weshalb ich meine Pläne geändert hatte, und sie erwiderte, wie schön es sei, daß ich kommen konnte – die üblichen Redensarten. Ich freute mich an ihrer tiefen, sympathischen Stimme und ihren graziösen Bewegungen und konnte Merridews Vernarrtheit verstehen, aber wohlgemerkt, ohne sie zu teilen.

Wir stiegen in seinen Wagen. Mrs. Merridew saß hinten und ich neben ihrem Mann. Ich war froh, in der frischen Luft zu sein und das bedrückende, gespannte Gefühl loszuwerden, das mich im Zuge gequält hatte. Merridew erzählte mir, daß die Gegend ihnen außerordentlich gut gefalle; Felicitas sei ein ganz anderer Mensch geworden, auch er selbst fühle sich gekräftigt. Auf mich persönlich machte er jedoch einen ziemlich abgekämpften und nervösen Eindruck.

Das Gasthaus hätte Ihnen gefallen, Harringay. Eins von der guten alten Sorte – altmodisch und wunderlich, und alles echte Antiquitäten, keine Imitationen aus der Tottenham Court Road. Na, wir hatten alle zu Abend gegessen, Mrs. Merridew war müde und ging früh zu Bett, Merridew und ich tranken noch ein Gläschen in der Gaststube und machten dann einen Bummel durchs Dorf – ein winziges Fleckchen am Ende der Welt mit kleinen strohgedeckten Häusern, wo um zehn Uhr schon alles in tiefstem Schlafe lag.

Der Wirt – ein Klotz von einem Mann mit einem völlig ausdruckslosen Gesicht – schloß gerade die Bar ab, als wir zurückkehrten.

Man hatte mir ein vortreffliches Zimmer gegeben, dicht unter dem Dach, mit einem breiten, niedrigen Fenster, das auf den Garten ging. Die Bettwäsche roch nach Lavendel, und ich hatte mich kaum zugedeckt, da war ich schon eingeschlafen. Irgendwann in der Nacht wachte ich auf. Da es mir heiß war, nahm ich einige Decken vom Bett und ging ans Fenster, um frische Luft zu schöpfen. Der Garten war vom Mondlicht überflutet, und ich konnte sehen, wie sich auf dem Rasen etwas merkwürdig drehte und wand. Nach einer Weile erkannte ich, daß es zwei Katzen waren. In dieser Entfernung beunruhigten sie mich nicht, und ich sah ihnen eine Weile zu, ehe ich wieder zu Bett ging. Sie balgten sich, sprangen auseinander und jagten ihrem eigenen Schatten nach. Es wirkte wie ein ritueller Tanz. Dann schien sie etwas stutzig zu machen, und sie huschten davon.

Ich legte mich wieder hin, konnte aber nicht mehr einschlafen. Meine Nerven schienen überreizt zu sein. Ich lag da und sah auf das Fenster, während ich auf ein weiches Rascheln lauschte, das aus der großen, an dieser Seite des Hauses rankenden Glyzinie kam. Und dann landete plötzlich etwas mit einem weichen Aufprall auf meiner Fensterbank – eine riesige Moschuskatze. Eine von diesen grau und schwarz gestreiften Katzen. Bei uns zulande nennt man sie so. Noch nie hatte ich eine von dieser Größe gesehen. Sie stand da mit seitwärts geneigtem Kopf und starrte ins Zimmer, während sie die Ohren leise am Fensterkreuz rieb.

Das konnte ich natürlich nicht dulden. Ich verjagte das Biest, das geräuschlos verschwand. Trotz der Hitze schloß ich das Fenster. Fern im Gebüsch glaubte ich ein schwaches Miauen zu hören. Dann Schweigen. Ich schlief endlich wieder ein und rührte mich nicht, bis ich von dem Mädchen geweckt wurde.

Am nächsten Tag nahm uns Merridew in seinem Wagen mit, um uns den Damm zu zeigen. Bei dieser Gelegenheit merkte ich zum erstenmal, daß Mrs. Merridews Nervosität doch noch nicht ganz geheilt war. Merridew zeigte uns die Stelle, wo ein Teil des Flusses in einen kleinen schnellen Wasserlauf verwandelt war, der den Dynamo einer elektrischen Anlage speisen sollte. Man hatte ein paar Planken über diesen

Bach gelegt, und Merridew wollte uns hinüberführen, um uns die Maschinen zu zeigen. Der Bach war weder breit noch gefährlich, doch Mrs. Merridew weigerte sich entschieden, ihn zu überqueren, und wurde ganz hysterisch, als ihr Mann sie zu überreden versuchte. Schließlich gingen er und ich allein hinüber. Als wir zurückkehrten, hatte sie sich beruhigt und entschuldigte sich wegen ihres Benehmens. Merridew nahm natürlich alle Schuld auf sich, und ich kam mir ein wenig überflüssig vor. Sie erzählte mir später, daß sie als Kind einmal in einen Fluß gefallen und beinahe ertrunken sei, und seitdem habe sie einen Widerwillen gegen fließendes Wasser. Abgesehen von dieser unbedeutenden Episode habe ich während meines ganzen Aufenthaltes nie gehört, daß die beiden sich gestritten hätten. Auch bemerkte ich eine ganze Woche lang nichts, das auf einen Defekt in Mrs. Merridews strahlender Gesundheit schließen ließ. Im Gegenteil, als Mittsommer näher rückte und die Hitze intensiver wurde, schien ihr ganzer Körper vor Vitalität zu glühen. Es war, als ob sie von innen her leuchtete.

Merridew war den ganzen Tag draußen am Damm und arbeitete sehr viel, meiner Ansicht nach zuviel. Ich fragte ihn, ob er schlecht schlafe. Im Gegenteil, erwiderte er, er schlafe ein, sobald sein Kopf auf dem Kissen liege, und habe – was höchst ungewöhnlich für ihn sei – überhaupt keine Träume. Ich selbst schlief auch ganz gut, aber die Hitze machte mich schlapp. Mrs. Merridew unternahm lange Autofahrten mit mir. Ich lehnte stundenlang im Wagen, durch den warmen Lufthauch und das Summen des Motors eingelullt, und blickte hin und wieder auf meine Fahrerin, die kerzengerade am Steuer saß, die Augen unverwandt auf das Fließband der Straße gerichtet. Wir durchstreiften die ganze Gegend südlich und östlich von Little Hexham, und ein paarmal stießen wir sogar im Norden bis Bath vor. Einmal schlug ich vor, über die Brücke in einen Wald zu fahren. Doch Mrs. Merridew war von dieser Idee nicht entzückt. Sie sagte, die Straße sei schlecht und das Landschaftsbild auf der anderen Seite der Brücke enttäuschend.

Im großen und ganzen verbrachte ich eine angenehme Woche in Little Hexham, und wenn die Katzen nicht gewesen wären, hätte ich mich durchaus behaglich gefühlt. Aber jede Nacht suchten sie den Garten heim. Die Moschuskatze, die ich in der ersten Nacht gesehen hatte, dazu eine kleine rötliche und ein stinkender schwarzer Kater waren besonders lästig. Ich bombardierte meine Besucher mit Stiefeln und Büchern bis zum Überdruß, aber sie schienen entschlossen, den Wirtshausgarten zu ihrem Treffpunkt zu machen. Die Plage wurde von Nacht zu Nacht schlimmer. Einmal zählte ich fünfzehn Katzen, die auf ihren Hinterteilen saßen und einen Kreis bildeten, während die Moschuskatze ihren Schattentanz tanzte und wie ein Weberschiffchen zwischen ihnen hindurchglitt. Ich mußte bei geschlossenem Fenster schlafen; denn die Moschuskatze hatte es sich zur Gewohnheit gemacht, an der Glyzinie emporzuklettern. Die Tür mußte ich ebenfalls schließen; denn als ich einmal hinuntergegangen war, um etwas aus dem Wohnzimmer zu holen, fand ich sie auf meinem Bett, wo sie mit in sinnlicher Ekstase geschlossenen Augen die Decke mit den Pfoten knetete – *pr'rp pr'rp pr'rp*. Ich jagte sie fort, und sie fauchte mich an, als sie in den dunklen Korridor flüchtete.

Ich erkundigte mich bei der Wirtin nach ihr und erhielt die abweisende Antwort, daß man im Gasthaus keine Katzen halte. Bei Tage habe ich auch niemals eine dieser Kreaturen gesehen. Aber eines Abends in der Dämmerung traf ich den Wirt in einem der Nebengebäude. Auf seiner Schulter hockte die rötliche Katze, und er fütterte sie mit Leberstückchen. Ich machte ihm Vorhaltungen darüber, daß er die Katzen zu sehr an diesen Platz gewöhne, und fragte ihn, ob ich ein anderes Zimmer bekommen könne, da mich das nächtliche Katzengeschrei störe. Er murmelte, daß er mit seiner Frau darüber sprechen wolle. Aber es blieb alles beim alten.

Und dazu wurde es von Tag zu Tag schwüler, als ob ein Gewitter im Anzuge sei. Der Himmel war wie Messing und die Erde wie Eisen, und die Luft zitterte, daß es den Augen weh tat, sie anzusehen...

Na schön, Harringay, ich werde mich kürzer fassen. Jedenfalls verschweige ich Ihnen nichts. Meine Beziehungen zu Mrs. Merridew waren durchaus normal. Natürlich waren wir sehr viel zusammen, da Merridew ja den ganzen Tag fort war. Wir fuhren morgens mit ihm zum Damm und brachten den Wagen wieder mit zurück. Bis zum Abend mußten wir uns so gut unterhalten, wie es ging. Sie schien ganz gern in meiner Gesellschaft zu sein, und ich hatte nichts gegen sie einzuwenden. Ich kann Ihnen nicht sagen, worüber wir sprachen – nichts Besonderes. Sie war keine redselige Frau. Sie konnte stundenlang in der Sonne liegen, ohne viel zu sagen; gab einfach ihren Körper dem Licht und der Wärme hin. Manchmal spielte sie einen ganzen Nachmittag mit einem Zweig oder einem Kieselstein, während ich dabeisaß und rauchte. Beruhigend? Nein. Nein – so möchte ich sie eigentlich nicht nennen. Auf mich wirkte sie jedenfalls nicht so. Abends wurde sie lebhafter und redete etwas mehr, aber im allgemeinen ging sie früh zu Bett und ließ Merridew und mich bei unserer Unterhaltung im Garten allein.

Ach, der Revolver. Natürlich. Ich kaufte ihn in Bath, als ich genau eine Woche in Little Hexham war. Wir fuhren morgens hin, und während Mrs. Merridew einige Sachen für ihren Mann besorgte, stöberte ich in den Altwarenläden herum. Ich hatte beabsichtigt, mir ein Luftgewehr oder eine Schrotflinte oder etwas Ähnliches zu besorgen, und dann sah ich den Revolver. Sie haben ihn natürlich auch gesehen. Er ist sehr klein – fast ein Spielzeug, wie es in den Büchern immer heißt, aber dennoch eine tödliche Waffe. Der Alte, der ihn mir verkaufte, schien sich mit Schußwaffen nicht auszukennen. Er hatte ihn vor einiger Zeit als Pfand angenommen, wie er mir sagte, zusammen mit zehn Kugeln. Er machte keine Schwierigkeiten wegen eines Waffenscheins – war sicher froh, daß er das Ding verkaufen konnte. Ich erwähnte im Scherz, daß ich mir ein paar Katzen aufs Korn nehmen wolle. Bei dieser Bemerkung schien er aufzuhorchen und fragte mich, wo ich wohne. Ich erwiderte: »In Little Hexham.«

»Ich rate Ihnen, vorsichtig zu sein, Sir«, sagte er. »Sie halten da unten viel von ihren Katzen und glauben, es bringt Unglück, wenn man sie tötet.« Und dann fügte er noch etwas hinzu, das ich nicht richtig verstanden habe, etwas von einer silbernen Kugel. Er war ein tatteriger alter Mann und schien jetzt Bedenken zu hegen, ob er mir den Revolver anvertrauen könne, aber ich versicherte ihm, daß ich keine Dummheiten damit machen würde. Er sah mir von der Ladentür aus nach, während er nachdenklich an seinem Bart zupfte.

In der Nacht kam das Gewitter. Der Himmel hatte sich gegen Abend in Blei verwandelt, aber die schwüle Hitze war noch drückender als der Sonnenschein. Beide Merridews schienen hochgradig nervös zu sein – er war verdrießlich und verwünschte das Wetter und die Fliegen, sie war von einer merkwürdigen, vibrierenden Erregung befallen. Ein nahendes Gewitter wirkt auf manche Menschen so. Mir erging es nicht viel besser, und zu allem Übel beschlich mich das Gefühl, daß das Haus voller Katzen sei. Ich konnte sie nicht sehen, wußte aber, daß sie da waren, hinter den Schränken lauerten und lautlos durch die Korridore huschten. Es war mir kaum möglich, im Gastzimmer zu sitzen; ich war froh, als ich mich endlich auf mein Zimmer verziehen konnte. Katzen hin, Katzen her, ich mußte das Fenster öffnen. Ich saß da, mit aufgeknöpfter Pyjamajacke, und versuchte einen Lufthauch zu erhaschen. Aber der Raum war wie das Innere eines Ofens. Und stockdunkel. Von meinem Fenster konnte ich kaum sehen, wo das Gebüsch aufhörte und der Rasen begann. Doch die Katzen konnte ich hören und fühlen. Es kratzte in der Glyzinie und raschelte in den Blättern, und gegen elf Uhr begann eine von ihnen das Konzert mit einem langen, häßlichen Jammergeschrei. Eine nach der anderen fiel ein – ich möchte schwören, daß es mindestens fünfzig waren! Und bald darauf beschlich mich wieder dieses widerliche Gefühl, das meine Haut kribbeln ließ, und ich wußte, daß sich eine der Katzen in der Dunkelheit an mich heranpirschte. Ich blickte mich um, und da stand sie, die große Moschuskatze, dicht an meiner Schulter, und ihre Augen glühten wie grüne Laternen. Mit einem gellenden Schrei schlug ich nach ihr, und sie sprang fauchend in die Tiefe. Ich hörte sie auf dem Kies landen, und überall im Garten brach von neuem ein heftiges Gejaule aus. Im nächsten Augenblick herrschte völlige Stille. In der Ferne sah man einen züngelnden blauen Blitz – kurz darauf noch einen. Beim ersten erkannte ich, daß die Gartenmauer der Länge nach von Katzen besetzt war, wie der Fries in einem Kinderzimmer. Beim zweiten Blitz war die Mauer leer.

Um zwei Uhr kam der Regen. Drei Stunden lang hatte ich am Fenster gesessen und beobachtet, wie die Blitze über den Himmel zuckten, und mich am Krachen des Donners ergötzt. Das Gewitter schien die elektrischen Spannungen aus meinem Körper entfernt zu haben – ich hätte vor Erregung und Erleichterung schreien können. Dann fielen die ersten schweren Tropfen, die bald in einen kräftigen Regen übergingen. Schließlich die Sintflut. Mit einem Geräusch wie von fallenden Stahlstäben prasselte der Regen auf den ausgedörrten Boden. Der Erdgeruch drang berauschend ins Zimmer, und der zunehmende Wind schleuderte mir die Tropfen ins Gesicht. Ich hörte am anderen Ende des Korridors ein Fenster zuschlagen, aber ich lehnte mich weit hinaus und ließ Kopf und Schultern vom Regen überfluten. Der Donner grollte von Zeit zu Zeit, aber weniger laut und in weiterer Ferne, und im Schein eines gelegentlichen Blitzes sah ich das weiße Gitterwerk des fallenden Wassers zwischen mir und dem Garten.

Nach einem dieser Donnerschläge vernahm ich ein Klopfen an meiner Tür. Ich öffnete, und auf der Schwelle stand Merridew mit einer Kerze in der Hand und schreckensbleich.

»Felicitas!« sagte er. »Sie ist krank. Ich kann sie nicht wach bekommen. Um Himmels willen, komm und hilf mir!«

Ich folgte ihm in sein Zimmer. Hier standen zwei Betten – ein mit karmesinrotem Damast behangenes Himmelbett und ein schmales nahe ans Fenster gerücktes Feldbett. Dies schmale Bett war leer. Die beiseite geworfenen Decken deuteten darauf hin, daß Merridew sich gerade von diesem Lager erhoben hatte. Im Himmelbett lag Mrs. Merridew, nackt, nur mit einem Laken bedeckt. Ihr langes schwarzes Haar hing in zwei Zöpfen über ihre Schultern. Ihr Gesicht war wächsern, eingefallen wie bei einer Leiche, und ihr Puls so schwach, daß ich ihn zuerst kaum finden konnte. Sie atmete langsam und flach, und ihre Haut fühlte sich kalt an. Ich schüttelte sie, aber ohne jede Wirkung. Dann zog ich ihre Augenlider hoch und sah, daß die Iris unter den Lidern verschwunden war, so daß nur noch das Weiße sichtbar war. Ich berührte einen der empfindlichen Augäpfel mit meiner Fingerspitze, ohne eine Reaktion. Ich fragte mich, ob sie wohl ein Rauschgift nahm.

Merridew hielt eine Erklärung für angebracht und stotterte etwas von der Hitze – sie konnte nicht einmal ein seidenes Nachthemd ertragen – sie hatte ihm den Vorschlag gemacht, im anderen Bett zu schlafen – er hatte nicht einmal das Gewitter gehört – war erst aufgewacht, als ihm der Regen ins Gesicht strömte. Er war aufgestanden und hatte das Fenster zugemacht. Dann hatte er nach ihr gerufen, um zu wissen, ob alles in Ordnung sei – er nahm an, daß das Gewitter sie vielleicht erschreckt habe. Es kam keine Antwort. Dann hatte er eine Kerze angezündet, und ihr Zustand hatte ihm Angst eingejagt – und so weiter.

Ich bat ihn, sich zusammenzunehmen, und sagte, wir wollten versuchen, ihre Blutzirkulation anzuregen, indem wir ihr die Hände und Füße rieben. Ich war überzeugt, daß sie unter dem Einfluß eines Opiates stand. Wir machten uns an die Arbeit: wir rieben sie, kneteten sie, schlugen sie mit nassen Handtüchern und riefen sie beim Namen. Aber es war, als hätten wir eine Tote vor uns. Daß sie noch lebte, deutete nur das leichte, aber regelmäßige Heben und Senken ihres Busens an, auf dem ich – überrascht, daß die magnolienhafte Weiße irgendwie getrübt war – gerade über dem Herzen ein großes braunes Muttermal entdeckte. Auf meine verstörte Phantasie wirkte es wie eine Wunde und eine Drohung. Wir hatten uns bereits eine Zeitlang heftig abgemüht, als wir durch ein Geräusch vor dem Fenster abgelenkt wurden. Ich ergriff die Kerze und blickte hinaus.

Auf der Fensterbank saß die Moschuskatze und kratzte an der Scheibe. Das nasse Fell klebte ihr am Körper, ihre Augen blickten mich böse an, ihr Maul war in heftigem Protest geöffnet. Sie klammerte sich ungestüm an das Fensterkreuz, während ihre Hinterpfoten kratzend auf dem Holzwerk ausrutschten. Ich hämmerte an die Scheibe und brüllte sie an, und sie schlug wie besessen mit den Pfoten gegen das Glas. Als ich mich fluchend abwandte, stieß sie einen langen, verzweifelten Schrei aus ...

Merridew rief mir zu, ich möchte die Kerze bringen und das Biest in Ruhe lassen. Ich kehrte ans Bett zurück, aber das Gejammer nahm kein Ende. Ich schlug Merridew vor, den Wirt zu wecken, Wärmeflaschen und Brandy zu holen und nach Möglichkeit einen Boten zum Arzt zu schicken. Während er sich auf den Weg machte, fuhr ich mit der Massage fort. Mir war, als ob ihr Puls schwächer würde. Dann fiel mir plötzlich ein, daß ich eine kleine Brandyflasche in meinem

Koffer hatte. Ich lief hinaus, um sie zu holen, und sofort hörte das Heulen der Katze auf.

Als ich mein Zimmer betrat, empfand ich den durch das offene Fenster wehenden Luftzug als sehr angenehm. Ich fand meinen Koffer im Dunkeln und wühlte unter Hemden und Socken nach der Flasche, als ich auf einmal ein lautes, triumphierendes »Miau« hörte. Ich drehte mich rasch um und sah gerade noch, wie die Moschuskatze sich auf der Fensterbank duckte, bevor sie an mir vorbei aus dem Zimmer sprang. Ich fand die Flasche und eilte damit zurück, gerade als Merridew und der Wirt die Treppe hinaufstürmten.

Wir betraten alle zusammen das Zimmer, und in diesem Augenblick regte sich Mrs. Merridew, richtete sich auf und fragte uns erstaunt, was denn eigentlich los sei.

Ich bin mir selten so blöde vorgekommen.

Am nächsten Tag war es kühler. Das Gewitter hatte die Luft gereinigt. Was Merridew seiner Frau erzählt hatte, weiß ich nicht. Keiner von uns spielte auf den nächtlichen Zwischenfall an, und allem Anschein nach befand sich Mrs. Merridew bei bester Gesundheit und Laune. Merridew nahm sich einen Tag frei, und wir machten alle zusammen eine lange Picknicktour. Wir befanden uns im besten Einvernehmen. Fragen Sie Merridew – er wird es Ihnen bestätigen. Er würde ... er könnte bestimmt nichts anderes sagen. Ich kann nicht glauben, Harringay, ich kann einfach nicht glauben, daß er sich vorstellen oder den Verdacht haben könnte, daß ich ... Hören Sie, es gab überhaupt nichts, das einen Verdacht erwecken konnte. Gar nichts!

Ja – dies ist das wichtige Datum – der 24. Juni. Ich kann Ihnen keine weiteren Einzelheiten geben; es gibt nichts zu berichten. Wir kehrten zurück und nahmen, wie üblich, unser Dinner ein. Alle drei hatten wir den ganzen Tag bis zum Schlafengehen zusammen verbracht. Ich gebe Ihnen mein

Ehrenwort, daß ich an diesem Tage weder mit ihm noch mit ihr irgendeine Privatunterredung gehabt habe. Ich ging als erster zu Bett, und ich hörte, wie die anderen etwa eine halbe Stunde später die Treppe heraufkamen.

Es war eine mondhelle Nacht. Ausnahmsweise störte kein Katzengeschrei die nächtliche Stille. Ich schloß nicht einmal das Fenster oder die Tür. Bevor ich zu Bett ging, legte ich den Revolver neben mich auf den Stuhl. Ja, er war geladen. Ich hatte die Absicht, auf die Katzen zu schießen, falls ihr Treiben wieder losging.

Ich war todmüde und nahm an, daß ich sofort einschlafen würde, aber die Erwartung erfüllte sich nicht. Wahrscheinlich war ich übermüdet. Ich lag im Bett und starrte auf das Mondlicht. Und dann, gegen Mitternacht, hörte ich das, worauf ich unbewußt wohl gewartet hatte: ein verstohlenes Rascheln in der Glyzinie und ein schwaches Miauen.

Ich richtete mich im Bett auf und griff nach dem Revolver. Ich hörte den Aufprall, als die große Katze auf den Fenstersims sprang. Ich sah deutlich die schwarz und silbrig gestreiften Flanken, den Umriß ihres Kopfes, die gespitzten Ohren, den aufgerichteten Schwanz. Ich zielte und drückte ab. Das Biest stieß einen fürchterlichen Schrei aus und sprang ins Zimmer.

Ich schnellte aus dem Bett. Der Knall meines Schusses hallte mit vielfachem Echo durch das schweigende Haus. Irgendwo in der Ferne hörte ich eine Stimme. Mit dem Revolver in der Hand verfolgte ich die Katze in den Korridor, um ihr vollends den Garaus zu machen. Und da sah ich Mrs. Merridew im Türrahmen von Merridews Zimmer. Sie stützte sich mit beiden Händen an den Türpfosten und schwankte hin und her. Dann sank sie vor mir zu Boden. Ihre nackte Brust war über und über mit Blut bedeckt. Als ich den Revolver umklammernd dastand und auf sie herabstarrte, kam Merridew heraus und fand uns – so . . .

Nun, Harringay, das ist meine Geschichte, genau wie ich sie Peabody auch erzählt habe. Ich fürchte, sie wird vor Gericht nicht gut klingen, aber ich kann es nicht ändern. Die Blutspuren führten von meinem Zimmer bis zu ihrem; die Katze muß diesen Weg genommen haben. Ich weiß, daß es die Katze war, die ich angeschossen habe. Eine Erklärung kann ich Ihnen nicht geben. Ich kann nicht sagen, wer Mrs. Merridew erschossen hat und warum. Auch kann ich nichts dafür, wenn die Leute im Gasthaus behaupten, sie hätten die Moschuskatze nie gesehen. Merridew hat sie in jener Nacht gesehen, und ich weiß, daß er es nicht abstreiten wird. Durchsuchen Sie das Haus, Harringay – das ist das einzige, was man tun kann. Kehren Sie das Unterste zuoberst, bis Sie den Kadaver der Moschuskatze finden. In ihm werden Sie meine Kugel entdecken.

Francis und Gustav ziehen um

Wenn Sie meine Geschichte tatsächlich hören wollen – und ich empfehle Ihnen eindringlich, sie zu hören –, so müssen Sie sich zunächst mit dem Gedanken vertraut machen, daß Sie keine angenehme Geschichte hören werden. Im Gegenteil, die mysteriösen Geschehnisse, durch die ich mich im vorigen Herbst und Winter hindurchquälen mußte, ließen mir endgültig bewußt werden, daß Harmonie und ein geruhsames Leben selbst für meinesgleichen eine Angelegenheit von kurzer Dauer sind. Heute weiß ich, daß vor dem allgegenwärtigen Horror niemand verschont bleibt und daß das Chaos jeden Augenblick über uns alle hereinbrechen kann. Doch bevor ich Gefahr laufe, einen langweiligen Vortrag über die finsteren Abgründe unseres Daseins zu halten, erzähle ich sie besser, die Geschichte – eine traurige und eine böse Geschichte.

Alles begann mit dem Einzug in dieses verdammte Haus!

Das, was ich im Leben am meisten hasse und, da ich der Reinkarnationstheorie in meinen philosophischen Stunden zu glauben geneigt bin, auch in meinen früheren Leben gehaßt haben muß, sind Umzüge und alles, was damit zusammenhängt. Schon die geringste Unregelmäßigkeit in meinem Alltag läßt mich in einen tiefen Brunnen voller Depressionen stürzen, aus dem ich nur mit viel Selbstüberwindung herauszuklettern vermag. Aber mein einfältiger Lebensgefährte Gustav und seinesgleichen würden am liebsten jede Woche das traute Heim wechseln. Sie machen einen verrückten Kult um das Wohnen, ziehen sogar Fachzeitschriften zu Rate (die sie zu weiteren Umzügen regelrecht anstacheln), veranstalten bis in die tiefe Nacht hinein hitzige Debatten über Inneneinrichtungen, geraten sich wegen der gesundheitsverträglichen

Form einer Klobrille in die Haare und halten stets Ausschau nach neuen Domizilen. In den Vereinigten Staaten soll ein Mensch im Laufe seines Lebens bis zu dreißigmal den Wohnort wechseln. Daß er dabei irreparablen Schaden an seinem Verstand nimmt, steht für mich außer Zweifel. Ich erkläre mir diese schlechte Angewohnheit so, daß diesen bemitleidenswerten Trotteln die innere Ruhe fehlt und sie diesen Mangel durch unentwegten Behausungswechsel wettzumachen versuchen. Also nichts anderes als eine ausgereifte Zwangsneurose. Denn der Schöpfer aller Dinge hat den Menschen nicht deshalb Hände und Füße gegeben, damit sie ständig Möbel und Geschirr von einer Bleibe in die nächste transportieren.

Ich muß allerdings gestehen, daß die alte Wohnung in der Tat ihre Macken hatte. Da waren zunächst einmal diese Milliarden Stufen, die man tagaus, tagein hinauf- und hinunterrennen mußte, wollte man drinnen nicht zu einer Art Robinson Crusoe der Großstadt verkommen. Obwohl das Gebäude jüngeren Datums war, hatte der Erbauer die Erfindung des Aufzugs offensichtlich für ein wahres Teufelswerk gehalten und den Bewohnern seines Turms zu Babel die konservative Weise der innerhäuslichen Fortbewegung zugemutet.

Und dann war die Wohnung auch zu klein. Sicher, für Gustav und mich war sie eigentlich groß genug, aber machen wir uns nichts vor, im Lauf der Zeit wird man doch anspruchsvoller. Geräumig will man's dann haben und gemütlich und teuer und stilvoll, na, man kennt das ja. Als junger Rebell hat man ja noch seine goldenen Ideale, wenn man schon keine Superwohnung besitzt. Doch wenn man später immer noch keine Superwohnung besitzt und feststellen muß, daß man inzwischen auch nicht gerade ein Superrebell geworden ist, was bleibt einem dann noch? Das Jahresabonnement für *Schöner Wohnen*!

Wir zogen also in dieses verfluchte Haus um!

Als ich es aus dem hinteren Seitenfenster des Citroen CX-2000 zum ersten Mal sah, dachte ich zunächst, Gustav habe sich einen faulen Witz mit mir erlaubt, was mich in Anbetracht seines mehr als unterentwickelten Humors kaum überrascht hätte. Zwar hatte ich ihn bereits Monate vorher etwas von »Altbau«, »Renovierung« und »Zeit hineinstecken« reden hören, aber da Gustav von der Renovierung eines Hauses etwa soviel versteht wie eine Giraffe von Börsenspekulation, meinte ich, es gehe lediglich darum, das Namensschildchen an die Tür zu nageln. Nun aber wurde mir zu meinem Entsetzen bewußt, was er mit »Altbau« tatsächlich gemeint hatte.

Gewiß, das Wohnviertel war sehr vornehm, und romantisch war's auch. Ein Zahnarzt hätte seinen Opfern eine ansehnliche Menge Füllungen andrehen müssen, um hier einziehen zu dürfen. Doch ausgerechnet das traurige Gebilde, in dem wir künftig hausen sollten, ragte unter all diesen Jahrhundertwende-Puppenhäusern wie ein fauler Zahn hervor. Eingebettet in eine baumgesäumte Ansichtskarten-Straßenzeile, in welcher der Renovierungswahn von Abschreibungszauberern besonders schlimm gewütet hatte, machte dieses majestätische Wrack den Eindruck, als sei es geradezu durch die Imaginationskraft eines Horrordrehbuchautors materialisiert worden. Es war das einzige Gebäude in der Straße, das nicht instand gesetzt war, und ich versuchte krampfhaft, mir besser nicht vorzustellen, warum das so war. Wahrscheinlich hatte der Besitzer jahrelang einen Dummen gesucht, der das Wagnis auf sich nehmen wollte, diesen Trümmerhaufen überhaupt zu betreten. Wir würden hineingehen, und das ganze Haus würde dann über unseren Köpfen zusammenbrechen. Gustav hatte nicht das Zeug, bei einem Intelligenztest den Rekord zu brechen, doch das Ausmaß seiner Verblödung wurde mir erst jetzt so richtig bewußt.

Die Fassade des Gebäudes, die mit einer Menge brüchigem Stuckfirlefanz verziert war, sah wie die Fratze eines mumifizierten ägyptischen Königs aus. Grau und verwittert starrte dieses Horrorgesicht einen an, als hätte es eine dämonische Botschaft an die noch Lebenden. Die teilweise zerbrochenen Fensterläden der beiden oberen Stockwerke, die, wie Gustav erwähnt hatte, leer standen, waren verschlossen. Etwas Gespenstisches ging von diesen Stockwerken aus. Man konnte von unten das Dach nicht sehen, aber ich hätte meinen Kopf darauf gewettet, daß es vollkommen verrottet war. Da die Parterrewohnung, in die mein geistig verwirrter Freund und ich einziehen sollten, von der Straße etwa zwei Meter erhöht lag, hatte man durch die schmutzigen Fensterscheiben nur einen notdürftigen Einblick. In der grellen, erbarmungslosen Nachmittagssonne konnte ich die fleckigen Zimmerdecken und die geschmacklosen Wandtapeten erkennen.

Weil Gustav mit mir nur in einer skurrilen Babysprache redet, was mich kaum stört, da auch ich dieselbe Primitivlinguistik bei ihm anwenden würde, wenn ich mit ihm sprechen wollte, stieß er gutturale Begeisterungslaute aus, als wir endlich vor dem Haus stoppten.

Wenn Sie inzwischen den Eindruck gewonnen haben sollten, daß ich feindselige Gefühle für meinen Lebensgefährten hege, so haben Sie nur teilweise recht.

Gustav ... tja, wie ist Gustav? Gustav Löbel ist Schriftsteller. Aber einer von der Sorte, deren Verdienste um die Geisteswelt nur in Telefonbüchern Erwähnung und Anerkennung finden. Er verfaßt diese sogenannten »Kurzromane« für diese sogenannten »Frauenzeitschriften«, die so raffiniert kurz sind, daß die Handlung sich in einer DIN-A4-Seite erschöpft. Inspiriert zu seinen Geniestreichen wird er in der Regel von der Vision eines Zweihundertfünfzig-Mark-Schecks – mehr zahlen ihm seine »Verleger« nie! Doch wie oft sah ich auch diesen gewissenhaften Autor mit sich selber ringen, auf der Suche nach einer Pointe, einer für sein Genre spektakulären Dramaturgie oder einem bis jetzt nie dagewesenen Aspekt des Ehe-

bruchs. Nur kurzfristig verläßt er regelmäßig das schöpferi-
sche Universum der Erbschleicher, vergewaltigten Sekretä-
rinnen und der Ehemänner, die nie merkten, daß ihre
Ehefrauen seit dreißig Jahren hinter ihrem Rücken auf den
Strich gehen, um das zu schreiben, was er lieber schreiben
möchte. Da Gustav studierter Historiker und Archäologe ist,
verfaßt er auch, wann immer er Zeit findet, Sachbücher über
das Altertum mit dem Spezialgebiet ägyptisches Götterwesen.
Dies tut er jedoch derart umständlich und langatmig, daß
sämtliche Werke sich über kurz oder lang als Ladenhüter ent-
puppen und seine Vorstellung, einmal davon zu leben, für ihn
immer unvorstellbarer wird. Obwohl sein Erscheinungsbild
dem eines Gorillas nicht unähnlich ist und er das fetteste Lebewesen ist, das ich persönlich kenne (konkret hundertdrei-
ßig Kilo), ist er, wie man so schön sagt, ein Kind geblieben,
obendrein ein vertrotteltes. Sein Weltbild beruht auf Gemüt-
lichkeit, Ruhe und satter Selbstzufriedenheit. Allem, was
dieses geheiligte Dreieck zu sprengen droht, versucht Gustav
aus dem Wege zu gehen. Ehrgeiz und Hektik sind für diesen
harmlosen Spießer Fremdworte, und Muscheln in Knob-
lauchsuppe und eine Flasche Chablis sind ihm mehr wert als
eine steile Karriere.

So ist Gustav, und er ist das krasse Gegenteil von mir! Es ist
deshalb kein großes Wunder, daß solch unterschiedliche
Charaktere wie wir sich hin und wieder in die Wolle kriegen.
Doch ich will es nun dabei bewenden lassen. Er sorgt für
mich, hält mir die alltäglichen, banalen Qualen vom Leibe,
beschützt mich vor Gefahren, und die größte Liebe in seinem
beschaulichen Leben, die bin immer noch ich. Ich achte und
respektiere ihn, obwohl ich gestehen muß, daß mir sogar dies
manchmal schwerfällt.

Nachdem Gustav den Wagen zwischen die Kastanien vor
dem Haus bugsiert hatte – die Welt des Autoparkens hat Gustav nie verstanden, Parken ist für ihn die reinste Quanten-

physik – stiegen wir beide aus. Während er sich mit seiner gesamten, ehrfurchtgebietenden Masse vor dem Gebäude aufbaute und es mit glänzenden Augen betrachtete, als hätte er es selber errichtet, machte ich sofort einen Geruchscheck.

Der Modergestank des Ungeheuers traf mich wie ein Stanzhammer. Obwohl ein lauer Wind wehte, war der faulige Zerfallsgeruch um dieses Haus derart intensiv, daß er meine Nasenhöhle in einen Schockzustand versetzte. Blitzschnell erfaßte ich, daß dieser unangenehme Geruch nicht vom Fundament des Gebäudes emporstieg, sondern von den oberen Stockwerken nach unten kroch und nun im Begriff war, seine Stinkefinger nach der Wohnung auszustrecken, in der wir künftig, wenn schon nicht mit Würde wohnen, so doch, na ja, existieren sollten. Doch da war auch etwas Fremdes, etwas Seltsames, ja Bedrohliches. Selbst für mich, der ich ohne falsche Bescheidenheit von meinen zweihundert Millionen Riechzellen behaupten kann, daß sie auch unter meinesgleichen ein Unikum an Scharfsinnigkeit darstellen, war es außergewöhnlich mühsam, diese beinahe nicht wahrnehmbaren Gerüche zu analysieren. Sosehr ich auch die Nase befeuchtete, ich vermochte diese sonderbaren Moleküle nicht zu identifizieren. Daraufhin zog ich das gute alte J-Organ zu Rate und flehmte so intensiv wie möglich.

Dies brachte den gewünschten Erfolg. Jetzt entdeckte ich, daß sich unter dem Fäulnisgeruch unseres neuen Domizils ein weiterer eigentümlicher Geruch verbarg. Dieser hatte jedoch keinen natürlichen Ursprung, und ich brauchte eine Weile, um ihn einzuordnen. Dann fiel endlich der Groschen: Es war ein Geruchspotpourri aus verschiedenen Chemikalien.

Zwar hatte ich immer noch keinen blassen Schimmer, welchen spezifischen Gestank dieses Spukschlößchen nun konkret ausstieß, doch zumindest war die Verbindung zu synthetischen Substanzen hergestellt. Jeder kennt den Geruch, der in einem Krankenhaus oder in einer Apotheke vorherrscht.

Und genau den hatte jetzt mein Superrotzkolben unter dem widerwärtigen Schimmeldunst dieser Hausleiche ausgegraben, als ich, noch nichts von den Schrecken ahnend, die da auf mich zukommen sollten, neben meinem freudestrahlenden Freund auf dem Bürgersteig stand.

Gustav kramte umständlich in seiner Hosentasche, bis er schließlich einen abgewetzten Metallring hervorzauberte, an dem zahlreiche Schlüssel hingen. Er schob den wurstigen Zeigefinger durch den Ring, hob so die klimpernden Schlüssel etwas in die Höhe und beugte sich zu mir herab. Mit der anderen Hand tätschelte er meinen Kopf und begann, frohlockende Gluckser von sich zu geben. Ich nehme an, er versuchte eine jener vielversprechenden Reden, welche ein Bräutigam seiner Braut zu halten pflegt, bevor er sie über die Türschwelle trägt, wobei er ständig mit den Schlüsseln in seiner Hand klimperte und auf die untere Etage deutete, um mir den Zusammenhang zwischen Schlüssel und Wohnung klarzumachen. Liebenswerter Gustav, er hatte den Charme von Oliver Hardy und das pädagogische Talent eines Hufschmieds!

Als hätte er meine Gedanken erraten, huschte ein lieblich wissendes Lächeln über das Gesicht meines Freundes. Bevor er sich jedoch entschließen konnte, mich tatsächlich über die Türschwelle zu tragen, schoß ich zwischen seinen Fingern davon zu der niedrigen Haustürtreppe. Während ich die brüchigen, mit vergilbtem Herbstlaub übersäten Stufen hinauftapste, fiel mein Blick auf ein helles Rechteck auf der Backsteinmauer neben dem Türpfosten. An seinen Ecken waren Schrauben in die Mauer hineingetrieben, die längst verrostet waren. Die Köpfe der Schrauben waren abgeschlagen. Es sah aus, als sei hier in Windeseile ein Schild gewaltsam entfernt worden. Ich nahm an, daß sich in dem Haus früher eine Arztpraxis oder ein Labor befunden hatte, was auch die unterschwelligen Chemikaliengerüche erklären würde.

Dann wurde ich in meinem genialen Gedankenfluß jäh unterbrochen. Denn wie ich so vor meiner zukünftigen Haustür dastand, den Blick auf das abwesende Praxisschild von Doktor Frankenstein gerichtet, stieg mir ein anderer, allerdings wohlvertrauter Gestank in die Nase. In Unkenntnis der Territorialverhältnisse in diesem Distrikt hatte ein Artgenosse ganz frech seine recht aufdringliche Visitenkarte am Türpfosten hinterlassen. Da nun aber mit meinem Einzug die Eigentumsverhältnisse geklärt waren, ließ ich es mir natürlich nicht nehmen, den Türpfosten neu zu signieren. Ich drehte mich um hundertachtzig Grad, konzentrierte mich so intensiv wie möglich und legte los.

Der umweltfreundliche Allzweckstrahl schoß zwischen meinen Hinterbeinen hervor und überflutete den Abschnitt, wo mein Vorgänger sein Memorandum hinterlegt hatte. Jetzt war die Welt wieder in Ordnung – zumindest war die Ordnung geklärt.

Gustav lächelte hinter meinem Rücken dümmlich, so wie ein Vater dümmlich lächelt, wenn sein Baby zum ersten Mal in seinem Leben den Ausspruch »Bu-bu« tut. Ich hatte Verständnis für seine kleinen Freuden, denn Gustav schien mir bisweilen selbst ein niedlicher Bu-bu zu sein. Seine einfältige Lache zu einem Jubelgrunzen kultivierend, watschelte er sodann an mir vorbei und schloß mit einem alten, verrosteten Schlüssel die Tür auf, die sich nach einigem Rütteln öffnen ließ.

Gemeinsam gelangten wir über einen kühlen Flur vor unsere Wohnungstür, die bei mir spontan die Assoziation eines Sargdeckels aufkommen ließ. Von hier aus führte links eine morsche Holztreppe zu den beiden oberen Stockwerken, aus denen der Tod persönlich herabzuwehen schien. Ich nahm mir vor, sie bald zu inspizieren, um herauszufinden, was es mit ihnen nun tatsächlich auf sich hatte. Ich muß jedoch gestehen, daß mir allein der Gedanke an das Herumstreunen in diesen unheimlichen Räumen eine Mordsangst in die Glieder fahren ließ. Gustav hatte uns in eine gottverdammte Gruft geschleppt, und er wußte es nicht einmal!

Dann flog die Tür auf, und wir marschierten im Gleichschritt auf den Kriegsschauplatz.

Es war in der Tat eine beeindruckende Altbauwohnung – die sich allerdings in einer Art kosmischer Auflösung befand. Aber dies war gar nicht das eigentliche Problem. Das eigentliche Problem war Gustav. Mein geliebter Freund würde weder körperlich noch geistig, geschweige denn handwerklich in der Lage sein, ein solches Wrack auf Vordermann zu bringen. Und wenn er das trotzdem ernsthaft in Erwägung zog, so hatte sein von mir schon seit längerer Zeit vermuteter Hirnturmor bedenkliche Ausmaße angenommen.

Langsam und behutsam schlich ich durch die einzelnen Gemächer und nahm jedes Detail in mich auf. Von dem breiten Korridor gingen rechts drei Zimmer ab, die untereinander einen beinharten Wettbewerb um Zerfall und Verkommenheit fochten und Erinnerungen an *Das Kabinett des Dr. Caligari* weckten. Diese Zimmer waren alle recht groß und gingen nach Süden zur Straße hin, so daß sie voraussichtlich an gutmütigen Frühlings- und Sommertagen von Sonnenschein durchflutet sein würden. Weil die Nachmittagssonne gerade allmählich anfing, sich um die Ecke zu verdrücken, kam diese Wirkung im Augenblick nicht voll zur Geltung. Am Ende des Korridors befand sich ein weiterer Raum, von dem ich annahm, daß es das Schlafzimmer war. Von diesem Zimmer führte eine Tür nach draußen. Links vom Gang lag gleich am Anfang die Küche, durch die man dann zur Toilette und zum Bad gelangte.

Sämtliche Räume schienen nach dem Zweiten Weltkrieg (oder Ersten?) allenfalls von Würmern, Kakerlaken, Silberfischchen, Ratten und von unterschiedlichen Insekten- und Bakterienimperien bezogen worden zu sein; die Vorstellung, daß hier vor kurzem noch Menschen gelebt haben sollten, schien völlig absurd. Sowohl der schimmelige Parkettboden als auch die Decke waren stellenweise eingebrochen. Alles roch nach Moder und Urin irgendwelcher undefinierbarer Lebewesen, die gerade so hoch entwickelt waren, daß sie urinieren konnten. Es ist allein meiner überragenden Leidensfähigkeit und meinem einwandfreien Hormonhaushalt zu verdanken, daß ich angesichts dieses Grauens keinen Nervenzusammenbruch erlitt.

Was Gustav anging, so wurde er plötzlich schizophren. Denn als ich von der Besichtigung des letzten Raumes, vermutlich des Schlafzimmers, gramgebeugt in den Flur zurückkehrte, sah ich meinen armen Freund mitten in der Küche stehen und lebhafte Selbstgespräche führen. Zu meinem Entsetzen mußte ich jedoch schon im nächsten Moment konstatieren, daß die enthusiastische Unterhaltung, die er mit den betagten Wänden der Küche führte, sich keinesfalls um den niederschmetternden Zustand dieses Lochs drehte, sondern ganz im Gegenteil seiner freudigen Erregung Ausdruck gab, endlich im Gelobten Land angekommen zu sein. Und wie er da stand, immer wieder um die eigene Achse wirbelte, die Arme emporgestreckt wie zu einem Gebet oder einem kultischen Ritual, und vor sich hin plapperte, als hielte er eine Rede an all die Insekten- und Bakterienstaaten, da tat mir dieser Mann irgendwie leid. Mit einem Mal kam er mir vor wie eine dieser schäbigen, alkoholkranken Nebenfiguren aus einem Tennessee-Williams-Stück. Gustav war kein tragischer Held, für den sich das Publikum die Augen ausweinen würde, wenn er am Ende einer Tragödie das Zeitliche segnete. Sein Leben war ein ganz gewöhnliches, stinklangweiliges Drama, eins von der Sorte, aus der Fernsehredakteure den Stoff für solche Betroffenensendungen wie »Fettleibigkeit muß nicht sein!« oder »Senken Sie Ihren Cholesterinspiegel!« bezogen. Wer war er schon? Ein fetter, nicht besonders intelligenter

Mann Mitte Vierzig, der liebevoll Weihnachts- und Geburts-
tagsgrußkarten an sogenannte Freunde schrieb, die ihm alle
zehn Jahre einen Besuch abstatteten, und der seine gesamte
Glaubens- und Hoffnungskraft in die Pharmaindustrie inve-
stierte, auf daß sie ein Wundermittel gegen seine fortschrei-
tende Kahlheit erfände. Das ideale Opfer von Versicherungs-
vertretern, dessen drei oder vier unglückliche Sexepisoden
in seinem unglücklichen Sexleben sich allesamt in der Nacht
von Rosenmontag mit schauderhaften Kreaturen abgespielt
hatten, die am nächsten Morgen, während er seinen Rausch
ausschlief, die Haushaltskasse mitgehen ließen. Und nun hatte
er es irgendwie geschafft, diese Bruchbude zu ergattern. Es
war für ihn einer der größten Erfolge in seinem Leben, und
die tristen Aspekte seiner Existenz stimmten mich nachdenklich; in Anbetracht der farblosen Lebensverhältnisse dieses
Mannes begann ich mich mit meinem Schicksal abzufinden.
Hatte nicht alles eine Ordnung, einen Zweck und einen höheren Sinn in dieser Welt? Klar, so mußte es sein. Bestim-
mung, das war es. Oder wie der japanische Fließbandarbeiter
sagt: So, wie es ist, ist es gut!

Doch genug der Philosophie, schließlich war Gustav nicht
Hiob. Während also mein Freund weitere Oden an die Herr-
lichkeit unserer neuen Behausung verfaßte, driftete mein
Blick von ihm ab und fixierte das WC. Die Tür und das große
rückwärtige Fenster standen offen, und ich nahm die Gelegenheit wahr, endlich den hinteren Teil des Gebäudes in
Augenschein zu nehmen. Geschwind lief ich an dem mit sich
selbst redenden Gustav vorbei, gelangte in die Toilette und
sprang auf die Fensterbank.

Die Aussicht, die sich mir von hier oben bot, war einfach
paradiesisch. Es handelte sich dabei gewissermaßen um den
Bauch des Wohnviertels. Unser Viertel bestand aus einem
etwa zweihundert mal achtzig Meter großen Rechteck, dessen Rahmen die erwähnten properen Anno-Tobak-Klitschen

bildeten. Hinter diesen Häusern, also direkt vor meinen Augen, breitete sich ein verschlungenes Netz von unterschiedlich großen Gärten und Terrassen aus, die von hohen, verwitterten Ziegelsteinmauern eingegrenzt wurden. In einigen Gärten standen recht pittoreske Gartenhäuschen und Lauben. Andere wiederum waren total verwildert, und ganze Schlingpflanzenarmeen kletterten über die Mauern hinweg in die Nachbargärten. Dort, wo es möglich war, hatte man ganz trend- und biomäßig Minitümpel angelegt, über denen Geschwader von neurotischen Großstadtfliegen lustlos und etwas verloren schwirrten. Es gab seltene Baumarten, sauteure Bambussonnenschirme, neoantike Terrakotta-Blumentöpfe mit Reliefs von kopulierenden Griechen, Batterien von Umweltschutzmüllkübeln, rührige Haschischanpflanzungen, Kunststoffskulpturen und alles, was das Herz eines neureichen Mittelständlers begehrt, der nicht mehr so recht weiß, was er mit den hinterzogenen Steuern anfangen soll.

Dazu gesellten sich aber auch solche Gartenidyllen, deren Charakter man komprimiert mit dem Begriff »Gartenzwerg-Horror-Picture-Show« umreißen könnte. Diese Schauerszenerien waren offensichtlich das Werk von Leuten, die ihren Hunger nach modischen Trends allein mit dem Otto-Versand-Katalog stillten.

Was unsern Distrikt betraf, so lag der Fall etwas komplizierter. Direkt unter mir, das heißt unter dem Klofenster, etwa einen halben Meter über dem Erdboden, befand sich ein vergammelter Balkon mit einem hoffnungslos verrosteten Geländer. Auf den Balkon konnte man nur durch das Schlafzimmer gelangen, aber ich vermutete, daß für mich das Klofenster die gängige Pforte zur Außenwelt sein würde. Unter dem Balkon dehnte sich eine weite Betonterrasse aus, die wohl als fix zusammengeschusterte Decke der Weiterführung des Kellers diente. Als Folge der schlampigen Arbeit war diese Betondecke zu großen Teilen aufgesprungen; aus ihren Rissen sproß undefinierbares Grün hervor. Nach ungefähr fünf Metern verhinderte eine weitere Rostbrüstung, daß man in der Nacht in einen tiefer gelegenen, kleinen Garten hinunterknallte. In der Mitte dieses vollends verwilderten Gartens wuchs ein extrem hoher Baum, der schätzungsweise zu Attilas Zeiten angepflanzt worden war und sich jetzt herbstgemäß seiner Blätter entledigt hatte.

Und noch etwas entdeckte ich, als meine Augen umherstreiften: einen überaus beeindruckenden Artgenossen.

Er hatte sich mit dem Rücken zu mir vor das Terrassengeländer gehockt und glotzte auf den kleinen Garten hinab. Obwohl er, was sein Körpervolumen betraf, locker mit einem Medizinball konkurrieren konnte und seine ganze Gestalt einer drolligen Knetmassenfigur aus einem experimentellen Videoclip glich, bemerkte ich sofort, daß er keinen Schwanz besaß. O nein, er war kein von Natur aus Schwanzloser, man hatte ihm das kostbare Stück einfach abgeschnitten. So schien es jedenfalls. Er war eindeutig eine Maine-Coon, eine schwanzlose Maine-Coon. Es fällt mir schwer, seine Fellfarbe zu beschreiben, denn der Typ sah tatsächlich wie eine wandelnde Malerpalette aus, deren Farben allerdings vertrocknet und schmutzig geworden waren. Der dominierende Farbton war zwar Schwarz, doch mischten sich überall beige, braune, gelbe, graue, ja sogar rote Tupfer mit hinein, so daß er von hinten aussah wie eine riesengroße, etwa sieben Wochen alte Schüssel Obstsalat. Außerdem schien der Kerl fürchterlich zu stinken.

Gleich würde er mich bemerken und eine Großoffensive starten, weil wahrscheinlich schon sein Urgroßvater auf diese Terrasse gekackt hatte oder weil er bereits 1965 vor dem Obersten Gerichtshof die Sondergenehmigung für sich erstritten hatte, jeden gottverdammten Tag zwischen fünfzehn und sechzehn Uhr von hier oben auf diesen wundervollen Garten hinabzuglotzen. Es war schon ein Kreuz mit diesen Brüdern.

Ich ließ es darauf ankommen. Was blieb mir übrig?

Und als wäre er so eine Art lebender Radar, drehte er sich in dem Moment, in dem mir das alles durch den Kopf schoß, zu mir und starrte mich an – das heißt, starren war vielleicht zuviel gesagt. Er hatte nur noch ein Auge, das andere war offenbar das Opfer eines nervösen Schraubenschlüssels geworden oder infolge einer Krankheit ausgelaufen. Dort, wo vorher das linke Auge gewesen war, befand sich nun eine verschrumpelte, rosarote und im Lauf der Zeit immer häßlicher gewordene Fleischhöhle. Überhaupt war die gesamte linke Visagenhälfte, wohl infolge einer halbseitigen Gesichtslähmung, zusammengefallen. Aber das bedeutete nicht viel. Mir war klar, daß höchste Vorsicht geboten war.

Nachdem er mich, ohne eine Regung zu zeigen, gemustert hatte, drehte er jedoch zu meiner Überraschung seinen Kopf wieder weg und richtete den Blick erneut auf den Garten.

Höflich, wie ich nun mal bin, beschloß ich, mich diesem bemitleidenswerten Fremden vorzustellen, in der Hoffnung, nähere Informationen über meine neue Umgebung aus ihm herauszulocken.

Ich sprang von der Fensterbank auf den Balkon und von dort auf die Terrasse. Langsam und mit aufgesetzt ausgelassenem Gehabe spazierte ich auf ihn zu, etwa so, als hätten wir uns schon im Sandkasten gegenseitig die Augen ausgestochen. Er nahm das mit majestätischer Gelassenheit zur Kenntnis und unterbrach seine Gartenmeditation kein einziges Mal, um mich auch nur eines Blickes zu würdigen. Dann stand ich neben ihm und riskierte einen Blick von der Seite. Aus der Nähe potenzierte sich der Eindruck, den er von weitem auf mich gemacht hatte, um das, sagen wir mal, Vierunddreißigfache. Im Vergleich zu dieser geschundenen Kreatur hätte selbst Quasimodo realistische Chancen gehabt, in die Dressmanbranche einzusteigen. Zu allem Überfluß mußten meine

98

inzwischen arg strapazierten Augen wahrnehmen, daß seine rechte Vorderpfote verstümmelt war. Nichtsdestotrotz schien er seine Totalverkrüppelung mit einer stoischen Ruhe zu ertragen, geradeso als wäre die ganze Angelegenheit so was wie Heuschnupfen. Offensichtlich hatten diese diversen Deformationen auch Zugang in sein Kopfinneres gefunden, denn obwohl ich nun seit ungefähr einer Minute neben ihm stand, beachtete er mich nicht und schaute stur nach unten. Supercool eben. So tat ich ihm den Gefallen, senkte mein Haupt nieder und versuchte, im Garten die Stelle zu fixieren, die meinen Nebenmann so in ihren Bann zog.

Was ich dort sah, war sozusagen mein Willkommensgeschenk. Unter dem hohen Baum, von Sträuchern halb verdeckt, lag ein schwarzer Artgenosse, der alle Glieder von sich gestreckt hatte. Nur schlief er nicht. Es war auch kaum anzunehmen, daß er in Zukunft aktiv oder passiv eine Tätigkeit würde ausüben können. Er war, wie der gemeine Bauer sagt, mausetot. Um genauer zu sein: Es handelte sich um die bereits in Verwesung begriffene Leiche eines Artgenossen. Aus seinem vollkommen zerfetzten Nacken war all sein Blut hinausgeflossen, das erst eine große Lache gebildet hatte und dann getrocknet war. Aufgeregte Fliegen kreisten über ihm wie Geier über dem verendeten Vieh.

Der Anblick war ein Schock, doch meine Empfindsamkeit hatte nach all dem, was ich heute bereits über mich hatte ergehen lassen müssen, merklich nachgelassen. Innerlich verfluchte ich Gustav jetzt zum tausendsten Mal, weil er mich in diese nunmehr bewiesenermaßen mörderische Gegend gezerrt hatte. Ich war paralysiert und wünschte mir, daß das alles ein Traum oder zumindest einer dieser neunmalklugen, »realistischen« Trickfilme, die man gelegentlich über unsere Art macht, sei.

»Dosenöffner!« sagte plötzlich das Monster neben mir, mit einer Stimme, die genauso deformiert war wie die ganze Erscheinung. Eine Stimme, als würden sämtliche John-Wayne-Synchronsprecher dieser Welt im Chor knattern.

Dosenöffner, hm... Tja, was sollte man darauf antworten, wenn man kein Monster war und seine Sprache nicht verstand?

»Dosenöffner?« fragte ich. »Was meinst du damit?«

»Na, es waren verfluchte Dosenöffner. Sie haben's getan, sie haben dem kleinen Sascha 'n Sonderventil in den Nacken verpaßt, Mann!«

Ich assoziierte eine Weile, versuchte, mir irgend etwas im Zusammenhang mit einem Dosenöffner vorzustellen, was mir angesichts dieser stinkenden Leiche unten und der noch stärker stinkenden Halbleiche an meiner Flanke sehr schwer fiel. Dann wußte ich es.

»Du meinst Menschen? Haben ihn Menschen umgebracht?«

»Klar«, brummte John Wayne. »Es waren beschissene Dosenöffner!«

»Hast du's beobachtet?«

»Scheiße, nein!«

Über sein Gesicht huschten Verärgerung und Entrüstung. Die coole Fassade schien ins Wanken zu geraten.

»Aber wer sollte so was sonst tun, als ein beschissener Dosenöffner? Ja, ein beschissener Dosenöffner, der für nichts anderes gut ist, als für uns die Dosen zu öffnen! Scheiße, ja!«

Er kam jetzt richtig in Fahrt.

»Ist schon der vierte kalte Sack.«

»Du meinst, der da ist schon die vierte Leiche?«

»Bist wohl neu hier, was?«

Er lachte röhrend, und seine Coolness schien wieder zurückzukehren.

»Beziehst du die Müllhalde da drin? Nettes Plätzchen. Geh' ich immer zum Pinkeln hin !«

Ohne sein Gelächter, das sich nun zu einem dämlichen Gegröle steigerte, zu beachten, sprang ich von der Terrasse in den Garten und näherte mich der Leiche. Es war ein grauenhaftes und zugleich trauriges Bild. Ich begutachtete das faustgroße Loch im Nacken des Toten und schnupperte daran. Dann drehte ich mich zu dem Witzbold auf der Terrasse um.

»Es war kein Dosenöffner«, sagte ich. »Dosenöffner haben Messer, Scheren, Rasierklingen, Schraubenschlüssel, ja Dosenöffner, jedenfalls viele hübsche Mordinstrumente zur Verfügung, wenn sie jemanden kaltmachen wollen. Aber der Nacken von dem hier ist total zerfetzt, zerfranst, ja geradezu in Stücke gerissen worden.«

Das Monster rümpfte die Nase und wandte sich zum Gehen. Doch so richtig gehen konnte der Arme nicht. Es war eher eine faszinierende Mischung aus Humpeln und Torkeln, die er zugegebenermaßen zu einer Art sportlicher Disziplin vervollkommnet hatte.

»Wen interessiert das!« sagte er trotzig und humpelte und torkelte über die Nachbargartenmauer, wahrscheinlich in Richtung Invalidenheim. Aber nach ein paar Schritten machte er plötzlich halt, drehte sich um und beugte sich zu mir herunter.

»Wie nennt man dich, Klugscheißer?« fragte er, sein cooles Desinteresse beibehaltend.

»Francis«, antwortete ich.

So denkt die Katze

Das ist mein Mensch. Ich fürchte ihn nicht. Er ist sehr mäch-
tig, denn er ißt unheimlich viel. Er ist ein Allesfresser. Was
frißt du? Gib mir davon!

Er ist nicht schön, weil er kein Fell hat. Da er nicht genug
Speichel aufbringt, muß er sich mit Wasser waschen. Er miaut
rauh und viel zuviel. Manchmal schnurrt er im Schlaf.

Mach mir die Türe auf!

Ich weiß nicht, wieso er Herr wurde. Vielleicht hat er etwas
Vornehmes gefressen.

In meinen Räumen hält er Sauberkeit.

Er nimmt eine scharfe Kralle in die Hand und bekratzt dann
weiße Blätter. Andere Spiele kennt er nicht.

Er schläft nachts statt bei Tage, sieht im Finstern nicht,
kennt keine Wollust. Er denkt nie an Blut, träumt nicht von
Jagd, singt nicht, wenn er liebt.

In der Nacht, wenn ich geheimnisvolle Stimmen höre,
wenn ich gewahr werde, wie das Dunkel sich belebt, sitzt er
oft beim Tisch und kratzt gebeugten Hauptes mit seiner
schwarzen Kralle auf weißen Blättern. Glaub ja nicht, daß ich
mich um dich schere. Ich höre nur auf das leise Knistern deiner Kralle. Zuweilen verstummt es, der arme, dumpfe Kopf
weiß schon nicht mehr, wie er spielen soll, und da über-
kommt mich Mitleid; ich geruhe, mich dir zu nähern und
greine leise in süßer und doch trüber Stimmung. Da hebt
mich dann wohl mein Mensch zu sich herauf und taucht sein
warmes Angesicht in mein Fell.

In solchen Augenblicken blitzt eine Art höheren Lebens in
ihm auf, er seufzt vor Glück und schnurrt etwas, das man beinahe versteht.

Glaub aber nicht, daß du mich kümmerst. Du hast mich

gewärmt, und jetzt gehe ich wieder, um den schwarzen Stimmen zu lauschen.

Saar und Pu

Saar wurde rollig. Früher, als ich erwartet hatte, sie schien mir noch so jung. Es war eine Katastrophe. Saar, mit der man sich sonst vernünftig unterhalten konnte, lief jetzt schreiend durchs Haus, auf der Suche nach – ach, wenn sie das nur wüßte. »Woooww«, ertönte es in einem fort, wobei vor allem das letzte aus solch tiefen, hallenden Gewölben zu kommen schien, daß ich mich fragte, ob da nicht ein elektronischer Verstärker im Spiel sei.

Nun bin auch ich manchmal rollig und fühlte mit ihr. Aber so schlimm, so völlig ohne Ansehen der Person, war es bei mir doch nie gewesen. Selbst beim heftigsten Anfall von Lust und Begierde sah ich mir das in Frage kommende Objekt wenigstens kurz an, wenngleich sich dieser Blick im nachhinein als durch Geilheit verschleiert erwies. Im nachhinein, ja. Manchmal kann ich wirklich nicht mehr verstehen, was ich einmal in jemandem gesehen habe. Ab und zu passiert es mir, daß mich ein Herr auf einer Caféterrasse lauthals begrüßt, und zwar auf eine Art und Weise, die deutlich macht, daß es ihm vor allem darauf ankommt, seinen Kumpeln zu verstehen zu geben, daß er mich nicht nur kennt, sondern mich auch *gehabt* hat. So einen sehe ich mir dann noch einmal an, und die einzige Entschuldigung, die mir für meine Geschmacksverirrung einfällt, ist die, daß ich sehr jung war und sehr rollig. Viele Komplikationen im menschlichen Leben hängen mit der komplizierten Beziehung zwischen Lust und Liebe zusammen. Viele Frauen (auch ich) verlieben sich bei ernsthafter Geilheit auch sofort, was meist katastrophale Folgen hat. Im Gegensatz dazu gibt es Männer, die sich Lust nur dann erlauben, wenn sie sich nicht verlieben, und die bei den ersten Anzeichen wirklicher Leidenschaft panikartig die Flucht ergreifen. – In der menschlichen Liebe wimmelt es nur so von Mißverständnissen, unerfüllbaren Sehnsüchten und unvermeidlichen Blessuren, und das einzig Gute daran ist, daß es sich zu Literatur verarbeiten läßt.

Katzen aber schreiben keine Sonette. Ich wollte vom Liebesleben der Katzen berichten, nicht von meinem, obwohl es aufmerksamen Lesern längst klar sein dürfte, daß Schriftsteller immer von sich selbst sprechen, wenn sie vorgeben, über ihre Katze zu schreiben. All diese Macho-Kater in der Weltliteratur, all diese katzenhaften Verführerinnen: nichts als Projektionen. Man bitte einen Autor, etwas über sein Lieblingshaustier zu schreiben, und man bekommt reine Autobiographie, in der weniger gelogen und verschwiegen wird als in den offiziellen Ego-Dokumenten. Zurück zu Saar.

Das Liebesleben der Katzen ist sehr übersichtlich. Da ist einmal Sex, und Sex dient der Fortpflanzung und damit basta. Danaben gibt es Erotik, Sinnlichkeit und Intimität. Das dient dem Vergnügen. Und dann gibt es vielleicht auch noch so etwas wie Liebe, obwohl wir das aufgrund der Tatsache, daß Katzen keine Sonette schreiben, nicht sicher wissen. Ich habe lange geglaubt, daß Katzen Liebe nur schätzen, wenn sie der Empfänger sind. Würden wir ihnen erlauben, unsere Einrichtung zu ramponieren, wenn wir sie nicht so abgöttisch liebten? Sie wissen es sehr zu würdigen, wenn sie geliebt werden, vor allem – ich versuche, mir hier nicht zu viele Illusionen zu machen –, wenn das gleichzeitig die Garantie für einen unablässigen Strom von Katzenfutterdosen und Liebkosungen zu ihnen genehmen Zeiten bedeutet. Aber kann man von Gegenseitigkeit sprechen? Besteht auf ihrer Seite mehr als eine Art pragmatische Zuneigung für denjenigen, der die notwendigen Dienstleistungen erbringt und darüber hinaus einen Körper von richtiger Temperatur, Größe und Konsistenz bietet, um darauf ein Nickerchen zu machen? So wie reiche

Leute auch nie genau wissen, ob ihre jungen Geliebten wirklich sie lieben oder eher den gebotenen Luxus, wissen auch wir nicht sicher, ob Pukie eigentlich uns liebt. Das macht nichts, dachte ich.

Ich fand mich damit ab, daß es nun einmal so ist. Wer absolut sichergehen will, geliebt zu werden, kann sich schließlich einen Hund zulegen. Und doch habe ich ab und zu ein Katzenverhalten beobachtet, das auf uneigennützige Zuneigung hinzudeuten schien. Ruben kümmerte sich früher, als er noch bei seinem Vater lebte, um die Katzen. So gut werden sie es nie wieder haben, denn sie bekamen jeden Tag um fünf nach sechs ihr Fressen, leicht gewärmt, wie sie es am liebsten mochten. Aber Ruben ist schon eine Weile aus dem Haus und hat das Amt des Dosenöffners schon lange abgegeben. Und trotzdem stürmt Celes, wenn er kommt, immer noch auf ihn zu, springt auf den Tisch, um ihm näher zu sein, stellt sich auf die Hinterbeine, lehnt sich in voller Länge an ihn und fängt an, so aufgeregt und liebevoll mit ihm zu schwatzen, daß ich nicht weiß, was das sein soll, wenn nicht wahre Liebe. Um Fressen betteln klingt anders.

Um Streicheln bitten auch.

Vielleicht also doch Liebe. Bestimmt aber Erotik.

Daß Katzen erotische Geschöpfe sind, steht außer Frage. Eine Katze ist von Kopf bis Schwanz auf Genuß eingestellt. Man braucht sich nur einmal anzusehen, wie genüßlich sie sich nach einem Schläfchen reckt und streckt, wie sie sich in dem einen Streifen Sonne auf meinem Schreibtisch zusammenrollt, oder im Winter unter der Schreibtischlampe, die Augen geschlossen; man braucht nur einmal darauf zu achten, wie sie ihren Körper dem meinen anpaßt, um sich beim Schlafen so bequem wie möglich an mich zu kuscheln; man braucht nur zu beobachten, wie sie uns klarmacht, wo und wie sie gestreichelt zu werden wünscht, und wie sie uns manchmal, pföt-

106

chentretend, ihren Bauch darbietet. Und dann Fressen, hmm, der Genuß eines Schüsselchens Fleisch oder Herz, ein paar Schluck Wasser aus der Vase, sie leckt sich das Maul und die Schnurrhaare, minutenlang, leckt sich das Fell, bis es glänzt und gut riecht, und dann ist es schon wieder Zeit für ein Nikkerchen, in das sie sich mit einem kleinen zufriedenen Seufzer hineingleiten läßt. Sie braucht keinen Kurs für Massagetechnik und auch keinen Assertivitätskurs, um ihrem Mann beizubringen, daß sie erogene Zonen hat und daß simples Rein-Raus nicht die beste Methode ist, ihr zu höchstem Genuß zu verhelfen. Über Erotik braucht man ihr nichts zu erzählen.

Sex dagegen ist etwas anderes. Sex ist eine grimmige Angelegenheit, Sex muß sein, aber zum Glück nur zwei- oder dreimal im Jahr. Von Erotik, von Verführung oder auch nur ein bißchen Zuneigung habe ich noch nie etwas gesehen, wenn sie rollig ist und die Kater der Umgebung dazu aufruft, ihre Pflicht zu tun. Kein genüßliches Nachspiel, keine gemeinsame Zigarette, kein vertrautes Einschlummern danach, an den Körper des anderen geschmiegt. Nein, wenn er nicht augenblicklich verschwindet, nachdem der Akt vollzogen ist, dann blühen ihm kräftige Tatzenhiebe, und ansonsten wünscht sie nicht, ihm noch einmal zu begegnen.

Meine Eltern hatten einmal ein etwas herrschsüchtiges Weibchen, ich weiß nicht mehr, wie es hieß, und meine Mutter hatte noch einen kleinen Kater dazugenommen. Das Weibchen wurde rollig, und obwohl der Teenie eigentlich noch ein bißchen zu klein war – es half nichts, er mußte dran glauben. Worum es ging, als er antreten mußte, wußte er nicht. Ihm war klar, daß er etwas tun sollte, aber was? Gehorsam kam er angezockelt, als sie ihn rief, leicht erstaunt, denn bis zu diesem Augenblick hatte sie ihn immer nur angefaucht. Mehr als an ihr schnuppern tat er zunächst nicht. Sie roch zwar interessant, und er fing an, recht aufgeregt um sie herumzuschwänzeln, ließ sich dann aber doch durch ihren hin- und herpeitschenden Schwanz ablenken und sprang quietschvergnügt danach. Nein, Freundchen, so nicht! Spielen konnte er später, aber nicht mit ihr. Sie zog ihm eins über, und er suchte das Weite. Keine Sekunde später wurde er wieder laut schreiend herbeizitiert. Was jetzt, was jetzt, konnte man ihn denken hören, aber so langsam dämmerte ihm, worum es in etwa ging. Er bestieg sie. Jetzt wurde es verzwickt, denn jedesmal, wenn er in Position gegangen war, fing sie an, wüst mit den Hinterbeinen zu treten, und dann kullerte er wieder herunter. Und wenn er sich vorschob, um sich in ihrem Nacken festzubeißen, kam er hinten nicht mehr dran, und sie kreischte in einer Tour frustriert, Blödmann, Idiot, Trottel! Endlich klappte es dann, auf dem Frühstückstisch, wir hielten alle den Atem an, um nicht zu stören, bis sie zum Schluß tief aufstöhnte und sich im selben Moment umdrehte, um ihn mit Pfotenhieben fortzuscheuchen. Und trotzdem hatte er, während er davonhumpelte, etwas Triumphierendes an sich.

Saars erste Rolligkeit standen wir gemeinsam durch, sie und ich. Ich kraulte sie hinter den Ohren und sagte ihr, ich verstünde zwar, was sie da gerade mitmachte, könne ihr aber nicht helfen. Beim nächstenmal fand ich, ich müsse mich entscheiden, sie entweder sterilisieren oder decken zu lassen. Nun machte sich damals gerade zum letztenmal der Nesttrieb bei mir bemerkbar, was in meinem Fall nicht mit Rolligkeit verwechselt werden darf. Ein paar meiner Freundinnen, die schlauer gewesen waren als ich, bekamen erst jetzt, kurz vor Toresschluß, ihr erstes Kind, und überall sah ich kleine flauschhaarige Kinderköpfe. Ich hätte eigentlich in aller Ruhe auf Enkel warten sollen, was angesichts des Alters meines Sprößlings auch passender gewesen wäre, doch der machte wenig Anstalten. Ich schwankte, nicht ernsthaft, aber immerhin. Du oder ich, Saar, sagte ich zu ihr, und so war die Entscheidung schnell getroffen. Schließlich würde es bei ihr mit etwa acht Wochen Kinderversorgung getan sein, und das auch noch mit meiner Unterstützung, während ich mich auf zwanzig Jahre Verantwortung hätte einstellen müssen, ohne daß meine Katze mir dabei eine große Hilfe gewesen wäre. Also ließ ich mich sterilisieren und suchte für Saar einen Kater. Das war leichter gesagt als getan, denn fast alle Kater in meinem Bekanntenkreis waren bereits arbeitsunfähig, und außerdem kannte ich fast nur Feministinnen, die aus Prinzip nur Kätzinnen hatten.

Auf Umwegen hörte ich von einem Kater, der noch konnte. Ich besuchte Saars künftigen Bräutigam und war zufrieden. Ein schwarzer Birmakater mit glattem, halblangem Haar und freundlichem Wesen namens Dander. Sein Bruder Deen war bereits aus dem Haus. Ich vereinbarte ein Rendezvous für Saar. Diesmal war sie von ihren Trieben so überwältigt, daß sie sich nicht ernsthaft wehrte, als ich sie in den Korb steckte, in dem ich sie sonst zum Tierarzt bringe. Ein paar Tage später wurde sie zurückgebracht, heiser und mit leicht verwildertem Blick. Es war vollbracht. Saar gab keinen Muckser mehr von sich und tat tagelang nichts anderes, als sich zu putzen und zu schlafen. Vor allem schlafen. Ein paar Wochen später stellte sich heraus, daß sie schwanger war.

Langsam wölbten sich ihre dünnen Flanken. Bei ihrer zierlichen Gestalt sah sie zum Schluß aus wie ein seltsames Packeselmodell in einer kleineren, gestreiften Ausführung. Normalerweise liebte Saar keine Einmischung in ihr Privatleben und verzog sich bei schlechter Laune, Unpäßlichkeit oder prämenstruellen Spannungen meist hinter die Bücher, wo sie keinem mit ihren Problemen zur Last fiel. Nie nervte sie einen mit Fragen wie: »Liebst du mich noch?« oder Vorwürfen im Stil von: »Du bist überhaupt nicht mehr lieb zu mir!« *A very private person. She kept herself to herself.* Aber als sie kurz vor der Niederkunft stand, wollte sie mich dabeihaben. Das rührte mich. Ich hatte es nicht erwartet und bereits schlaflose Nächte über der Frage verbracht, wie das gehen sollte, ein Wurf junger Katzen hinter den Büchern, und dann bestimmt noch im zehnten (Regal-) Stock. Aber als sie mir unentwegt murrend um die Beine strich und mich mit großen Augen ansah, begriff ich, daß meine Anwesenheit erwünscht war, und machte es mir neben der Schachtel bequem, die schon seit Tagen bereitstand, allerdings ohne große Hoffnung, daß sie sich darin häuslich niederlassen würde. Was sie aber tat.

Die Geburt selbst verlief glatt. Während der Wehen redete ich ihr gut zu – prima, mein Mädchen, phantastisch, du bist die schönste Katze der Welt, du machst es ausgezeichnet –, es schien sie zu beruhigen, und in rascher Folge legte sie ein kleines Geschöpf nach dem anderen hin. Auch beim Sauberlecken, Durchbeißen der Nabelschnur, Auffressen der Nachgeburt gab es keine Probleme. Ich brachte ihr Wasser: man bekommt Durst während der Geburt, wie ich mich erinnerte. Fressen mochte sie vorerst nicht.

Zum Glück waren es nur vier. Denn ich wußte, was sie nicht wußte – die großen Probleme kommen erst, wenn es mehr sind. Vier Junge können gleichzeitig an die Zitzen und schlafen danach ein, aber bei fünf oder mehr liegt eines immer ungünstig, und es gibt ein ewiges Gemaunze und Gedränge um die besten Plätze, so daß man als Mutter keinen Moment Ruhe hat. Wären es fünf gewesen, dann hätte ich ihr, auch im Hinblick auf ihre Jugend und zarte Konstitution, eines weggenommen. Ich hatte mir schon Gedanken gemacht, wie. Man kann sie vom Tierheim abholen lassen, hörte ich, aber dann leben sie bereits richtig, bevor sie totgemacht werden. Ich hatte schon einmal ein junges Kätzchen ertränkt, in einem Eimer mit lauwarmem Wasser. Ich hatte geglaubt, es würde nicht schwierig sein, wenn man es gleich macht, noch bevor es aus der Eihaut geleckt ist, noch bevor es richtig geatmet hat, aus warmem Wasser in warmes Wasser, es würde kaum etwas davon merken, dachte ich. Sonst bin ich nicht so zartbesaitet – wenn es um Essen geht, bin ich sogar ausgesprochen gefühllos. Ich esse im Prinzip so ungefähr alles, sobald es aufgehört hat, sich zu bewegen, und werfe ohne Gewissensbisse lebende Krebse in kochendes Wasser. Aber dieses Gefühl, die unerwartete Elastizität des Tierchens, das ich unter Wasser hielt, dieses winzige Geschöpf, das zu schwimmen versuchte, leben wollte, bis es endlich, endlich stillhielt und ich es in einer Tüte wegtun konnte, das ist eine Erinnerung, die ich nicht von den Händen waschen kann. Ich spüre es immer noch.

Es war nicht nötig. Die Tage waren voll häuslichen Glücks. Wann immer ich Zeit hatte, saß ich neben der Kiste, in der Saar leicht gekrümmt um ihre Jungen lag, die gerade stockend zu schnurren begannen. Dieser Friede, die kleinen Geschöpfe, die mit den Vorderpfötchen nach Milch traten, Saar, ebenfalls schnurrend und mit den Pfoten tretend, als würde sie selbst es erleben, die Augen vor Genuß halb geschlossen. Eine Kiste voll leiser Wonnelaute. Und dann dieser herrliche, reine, animalische Geruch.

Mit der Zeit konnte man sie voneinander unterscheiden. Sie waren alle verschieden. Ein ganz Getigertes, ein Getigertes mit weißen Pfötchen, ein Pechschwarzes und ein Schwarzweißes. Wie entzückend, das alles noch einmal zu erleben, die Milchmäulchen zu sehen, rosa Schnäuzchen mit zusammengerollten Zungen, zu sehen, wie Saar kleine Bäuche massierte und Hintern ableckte. Der Haufen über- und untereinander schlafender Katzenkörper, die von Zeit zu Zeit in Wachstumskrämpfen zuckten. Die ersten Augen, die sich öffneten, blind, graublau. Die ersten Versuche, das Köpfchen auf wackligem Hals zu heben. Das eifrige Suchen nach einer Zitze. Das Geschmatze, wenn sie gefunden war. Die ersten Versuche, vier Beine zu koordinieren und ohne Zuhilfenahme des Bauches vorwärtszukommen. Ach, wie gern hätte ich, wäre ich kleiner gewesen, in dieser atmenden Masse mitgeschlafen, an Saars Bauch. Ich gab mich zufrieden mit Lobgesängen auf Saar, die sie blinzelnd in Empfang nahm, wie schön sie sei, wie gut sie das gemacht habe. Ich hob die Kleinen unter Saars besorgten Blicken eines nach dem anderen hoch, um unter dem Schwanz nachzuschauen, lauter Weibchen, legte sie wieder zurück, wenn sie in meiner fremd riechenden Hand schrill »piu-piu« zu schreien begannen, stets gefolgt von Saars mütterlich besorgtem »mrrr«.

Auch Katzen haben so etwas wie eine Pubertätskrise, die genau wie bei Menschen oft eher eine Krise der Eltern ist als eine der Jungen. Bei Katzen dauert sie nur ein paar Tage. Es ist die Zeit, in der die Jungen ihre Selbständigkeit erproben und aus dem Nest zu krabbeln versuchen. Eine Katze mit intaktem Instinkt hat in diesen ersten Tagen, wenn die Kleinen Reißaus zu nehmen drohen, alle Hände voll damit zu tun, den Wurf beisammenzuhalten. Da eine Katze aber keine Hände hat, sondern nur vier Pfoten, läuft das anders als bei uns. Ohne Pardon packt eine Katzenmutter das Junge mit den Zähnen am Nackenteil und schleppt es wieder zurück in die Kiste. Ich habe schon Katzen gesehen, die, wenn sie ihre Jungen herumschleppten, das ganze Köpfchen im Maul hatten – ein gräßlicher Anblick, aber es geht immer gut.

An diesem Punkt zeigte sich, daß mit Saars Mutterinstinkten etwas nicht in Ordnung war. Als die ersten Jungen aus der Kiste herauskrabbelten, wußte sie nicht recht, was sie tun sollte. Sie wußte zwar, daß die Kleinen wieder hineinmußten, aber nicht, wie das zu bewerkstelligen wäre. Sie fing an zu beißen, das schon, und wenn eines von ihnen wie eine Krabbe über das Linoleum krauchte, knuffte sie es ins Bein oder in den Rücken; aber dann sah sie mich mit großen Augen voller Fragezeichen an, ob ich vielleicht wüßte, was sie tun sollte. Dann setzte ich die Jungen wieder in die Kiste zurück, und für den Augenblick war sie zufrieden. Eine solche Krise dauert normalerweise ein bis zwei Tage, bis die Katzenmutter sich damit abfindet, daß alle Einfangversuche verlorene Liebensmüh sind, und merkt, daß die Kleinen schon zurückkommen, wenn sie Hunger haben, und daß sie selbst sich auch mal einen kleinen Ausflug gönnen kann. Saar aber kapierte das nicht.

Einmal hing ein Kleines mit den Vorderpfötchen am Schachtelrand und konnte weder vor noch zurück. Ich hörte das schrille Piu-Piu, danach Saars unruhiges Mrr, das immer nervöser und lauter wurde, und als ich hinlief, sah ich Saar wie ein Eichhörnchen auf den Hinterbeinen sitzen, während sie mit den Vorderpfoten versuchte, ihr Kind vor dem Absturz zu bewahren. Wie sie die Kleinen am Nackenfell packen mußte, hatte sie nie gelernt, und mit der Zeit wurde deutlich, daß Saar keine gute Mutter war. Ich konnte ihr das nicht verübeln. Schließlich war auch ich nicht gerade ein Musterexemplar gewesen, war oft als Rabenmutter bezeichnet worden, und in einem meiner ersten Artikel gab ich das auch zu: Ich wäre ein netter Vater gewesen, aber ich war eine schlechte Mutter.

Saar begann, die Kleinen zu vernachlässigen. Die mußten sie oft endlos suchen, wenn sie Hunger hatten, und dann mußte ich Saar überreden, wieder hinter den Büchern hervorzukommen und ihre Pflicht zu tun. Wenn eines ihrer ausgebüxten Jungen irgendwo unter dem Sofa quäkte, rannte sie dorthin, um ihm die Zitzen hinzuhalten, aber kaum lag sie, da meldeten die Kleinen in der Schachtel sich ebenfalls, und dann rannte sie wieder zurück und ließ das Junge unter dem Sofa empört schreiend liegen. Sie wurde sehr nervös davon.

Wir wissen nicht, wer zuerst krank wurde, Saar oder die Kleinen, auf jeden Fall lag Saar eines Tages schlapp auf dem Schrank, und ihre Kinder hatten angefangen, komisch zu niesen. Zunächst sieht das drollig aus, so ein Kleines, das kaum auf den Beinen stehen kann und von einem Hatschie, fast größer als es selbst, umfällt, aber als sie alle zu niesen anfingen, sahen Armin und ich uns an und sagten: Katzenschnupfen.

Ich steckte mir ein paar in die Manteltasche und ging zu Doktor van Santen, der die Diagnose bestätigte. Saar hatte irgendeine Darminfektion, und auch die Kleinen waren schwer krank. Viel Hoffnung machte Doktor van Santen uns nicht, gab uns aber Medikamente mit, Antibiotika, die eigentlich für Menschenkinder bestimmt waren, künstliche Milch und Pipetten.

Die nächsten Tage waren Armin und ich unentwegt mit der Krankenpflege beschäftigt. Anfangs war das nicht schwierig, die Kleinen waren teilnahmslos, und ob wir ihnen eine Pipette mit Antibiotika oder eine Pipette mit künstlicher Milch ins Mäulchen steckten, schien ihnen nicht viel auszumachen, aber je kräftiger sie wurden, desto schwieriger wurde es. Die Antibiotika schmeckten nach Himbeere, was Katzen nicht gerade mögen. Milch wollten sie wohl, doch die kam aus derselben Pipette, und das brachte sie leicht durcheinander. Jedesmal wenn wir uns an den Döschen zu schaffen machten, ergriffen sie blitzartig die Flucht und mußten von Armin erst wieder eingefangen werden, bevor wir jedem seine Portion geben konnten. Das ging so ein paarmal am Tag. Sie lernten auch, das eklige rosa Zeug prustend auszuspucken, so daß wir beide reichlich davon abbekamen.

Aber sie kamen durch, alle vier. Saar schien das ziemlich kalt zu lassen. Sie war inzwischen selbst wieder zu Kräften gekommen, schaute aber von oben auf den Tierzirkus herunter, als hätte sie damit nichts zu tun.

Ich glaube auch nicht, daß es Saar viel ausmachte, als wir ihre Kinder fortgaben. Armin und ich fanden es schrecklich, aber es ging nicht anders. Wir bewegten uns schon eine ganze

Weile in einer Art schlurfendem Eislaufschritt durchs Haus, weil ständig ein Tier dort war, wo man gerade seinen Fuß aufsetzen wollte. Sie waren inzwischen groß genug, um pausenlos hintereinander herzuflitzen, über die Empore, wobei das erste, das noch nicht gelernt hatte, rechtzeitig zu bremsen, gegen die Jalousie knallte und das zweite dann mit Blume und allem hinunterfiel. Sie mußten jetzt wirklich fort. Aber eines wollten wir behalten.

Ursprünglich hatten wir uns die Schwarze ausgesucht, die die gleiche zierliche, fast ägyptische Gestalt zu bekommen schien wie ihre Mutter, doch da war diese kleine Schwarzweiße mit dem runden Clownsgesicht, die sich uns ausgesucht zu haben schien. Sie war diejenige, die immer auf uns herumturnte, die erste, die sich halbwegs zufriedenstellend streicheln ließ – die Kleinen müssen erst lernen, den richtigen Gegendruck zu geben, durch den das Streicheln sowohl für den Menschen als auch für die Katze zu einer angenehmen Beschäftigung wird –, und sie war die erste, die sich zum Schlafen lieber an mich kuschelte als an ihre Schwestern. Also die, beschlossen wir.

Armin und ich haben verschiedene Versionen, wie sie zu ihrem Namen kam. Ihm zufolge schreibt sie sich Pu wie Pu der Bär. Meiner Erinnerung nach hieß sie erst Puh mit h, weil ich laut Armin mit diesem Ausruf auf ihr wieder ausgewürgtes Mittagessen in meinem Bett reagierte. Oder hatte uns ursprünglich Puma vorgeschwebt? Ach, Pu.

Pu hat ein hündisches Wesen. Das ist durchaus nicht als Kompliment zu verstehen. Ich betrachte es eher als einen Defekt.

Mein Verhältnis zu Hunden ist das gleiche, das viele Feministinnen zu Männern haben: Als Gattung taugen sie nichts, aber einige Einzelexemplare sind passabel, und außerdem können sie nichts dafür, daß sie keine Frauen sind. Hunde sind mir im allgemeinen zu servil, zu unterwürfig, zu abhängig.

Sie riechen schlecht. Sie sabbern. Sie lecken. Katzen lecken zwar auch, aber sie lecken trocken, mit rauher Zunge. Wenn Hunde lecken, fühle ich mich immer an die unerbetenen Intimitäten abschmatzender Tanten erinnert. Igitt. Und wenn es Rüden sind, haben sie diese Schlabberhoden, die bei kurzbeinigen Modellen, wenn sie sich bewegen, fast über den Boden schleifen. Außerdem knabbern sie ständig obszön an ihren Geschlechtsteilen herum. Ach, wie anders wäscht Saar ihre kleine Muschi, ein Hinterbein mit gespreizten Krallen graziös in die Luft gestreckt. Mit so einer Wirbelsäule wären alle feministischen Selbstentdeckungskurse mit Hilfe von Handspiegel und Spekulum überflüssig.

Mein Mißtrauen gilt nicht nur Hunden, sondern auch ihren Herrchen. Allein schon das Wort: Herrchen. Eine Katze lachte sich krank, würde man ihren Menschen so nennen. Sie läßt sich nichts vormachen, wenn es darum geht, wer Herr im Haus ist. Unter Hundebesitzern findet man verhältnismäßig viele, die sich am liebsten in kurzem, lautem Herumgeschnauze artikulieren. Von draußen höre ich ständig: Sitz! Ab! Komm heerrr! Solche Menschen würden sich nie eine Katze zulegen, denn die reagiert nicht auf Befehle in diesem Ton. Natürlich gibt es, so erstaunlich ich das auch finde, Menschen, die sowohl Hunde als auch Katzen lieben. Eine Art Bisexualität, wie sie inzwischen ja selbst in den besten Kreisen zu finden ist. Also versuche ich, Menschen gegenüber tolerant zu sein, die sowohl Hunde als auch Katzen lieben. Muß alles möglich sein. Daß Pu ein hündisches Wesen hat, ist nicht ihre Schuld! Es liegt an ihrem Sozialisationsprozeß. Sie ist nicht hündisch geboren, sie ist es geworden, um mit Simone de Beauvoir zu sprechen.

Ich glaube, Saars Kinder sind zu früh aus der mütterlichen Symbiose gestoßen worden. Menschen verhalten sich in einem solchen Fall entweder übertrieben selbständig oder klammern sich zwanghaft an andere. Und wehe, wenn dieser andere sich kurzfristig aus der erstickenden Umarmung lösen will, um einmal tief durchzuatmen – dann bricht heillose Angst aus.

Vielleicht hat Pu noch versucht, den Kontakt wiederherzustellen, doch Saar wollte nichts davon wissen. Daß sie miteinander verwandt sind, war an nichts zu erkennen. Sie waren vom Wesen her völlig verschieden. Saar unabhängig, Pu für eine Katze ungewöhnlich anhänglich, um Beachtung quengelnd und quäkend. Saar wild, Pu zahm. Einmal brachte ich Armin aus Paris einen Spielzeugvogel mit, wie man ihn vor dem Centre Pompidou bekommt. Wenn man ihn aufzieht, flattert er eine Zeitlang täuschend echt in der Luft herum. Ich führte das Ding in der Küche vor. Innerhalb einer Sekunde, noch bevor die Mechanik die Flügel zweimal hatte schlagen lassen, kam Saar angeschossen, hatte es mit einem Pfotenhieb aus der Luft geholt und sich triumphierend daraufgesetzt, während es noch letzte Zuckungen von sich gab. In derselben Sekunde war unsere dicke Pu die Treppe hinaufgesaust, hatte sich unter dem Schrank verkrochen und blieb für Stunden verschwunden.

Pu ist dumm. Die simpelsten Dinge begreift sie nicht. Zum Beispiel Wind. Sie begreift nicht, daß sie sich nicht unter einem Schrank zu verkriechen braucht, wenn draußen ein Lastwagen vorbeifährt. Bis jetzt ist noch kein einziger durch die Hauswand hereingekommen, obwohl manchmal nicht viel daran fehlt. Feuer begreift sie auch nicht, und nur allzuoft hatten wir beide einen merkwürdigen Brandgeruch in der Nase, bis ich Pus Schwanz aus dem Teelicht zog. Auch ihre Schnurrhaare mußten oft daran glauben, weil sie unbedingt in die Flammen schauen mußte. Was Wasser ist, hat sie mit Müh und Not gelernt. Sie findet es faszinierend. Stundenlang hockt sie neben dem tropfenden Hahn in der Küche. Schaut dem Tropfen nach, bis er im Abfluß verschwindet. Bekommt den nächsten Tropfen auf den Kopf. Schaut erstaunt hoch, wo der wohl herkam, und bekommt einen auf die Nase. Dann schüttelt sie verdutzt den Kopf, und das Spielchen fängt wieder von vorne an.

Es soll ja wirklich dumme Katzen geben. Tine hatte eine, einen Kater namens Gabriel, der zwar die Treppe hinauf-, aber nicht mehr herunterkam. Und doch ging er immer wieder nach oben und pinkelte in ihr Bett, wenn sie nicht rechtzeitig nach Hause kam, um ihn wieder hinunterzutragen. Gabriel war wild auf Honigkuchen. Das schien eine Möglichkeit, ihm beizubringen, wie er die Treppe auch runter schaffen könnte. Tine legte ein Stück Honigkuchen auf die oberste Stufe. Als er das gefressen hatte und sich rasch wieder zurückzog, legte sie ein Stück auf die nächste Stufe und so weiter, bis er schließlich die ganze Treppe bewältigt hatte. Unten angelangt, machte er auf dem Absatz kehrt und rannte wieder hinauf, wo er miauend kundtat, daß er hinuntergetragen zu werden wünschte. Seltsame Windungen eines Katzenhirns: Eine Treppe mit Honigkuchen ist etwas ganz anderes als eine Treppe ohne.

MARY E. WILKINS FREEMAN
Die Katze

Der Schnee fiel. Das Fell der Katze war hart und steif davon;
aber sie blieb unbeeindruckt. Seit Stunden kauerte sie vor
dem Loch im Boden, bereit zum todbringenden Sprung. Es
war Nacht, doch diesem Umstand maß sie keine Bedeutung
zu: Wenn sie auf eine Beute lauerte, war eine Tageszeit für sie
so gut wie die andere. Sie lebte in diesem Winter allein, keinem menschlichen Willen untertan. Nirgends auf der Welt
rief eine Stimme nach ihr, an keinem Herd wartete eine
Mahlzeit auf sie. Sie war völlig frei, abgesehen natürlich von
ihren eigenen Wünschen und Bedürfnissen, die sie be-
herrschten, wenn sie so unbefriedigt war wie jetzt – sie war
nämlich sehr hungrig, um nicht zu sagen, völlig ausgehun-
gert! Seit Tagen war es bitterkalt, so daß sich alle die kleineren
wildlebenden Tiere, die normalerweise ihre Beute waren, in
ihrem Bau oder im Nest aufhielten. So hatte die Katze, obwohl sie Tag für Tag lange unterwegs war, nichts fangen
können. Hier wartete sie nun mit der über alle Begriffe zähen
Ausdauer und Geduld ihrer Art; diesmal war sie ihrer Sache
sicher. Sie war ein Geschöpf von großer Selbstsicherheit, und
niemals war ihr Vertrauen getäuscht worden, wenn sie einmal
von etwas überzeugt gewesen war.

Ein Kaninchen war an dieser Stelle in das Loch geschlüpft,
zwischen den lose hängenden Fichtenzweigen hindurch. Inzwischen hatte dieser kleine Torweg einen dichten Schnee-
vorhang bekommen, aber drinnen war es. Die Katze hatte es
hineinhuschen sehen wie einen flüchtigen grauen Schatten,
den nur ihre scharfen und geübten Augen als Lebewesen er-
kannt hatten; wie weggeweht war es verschwunden. So setzte
sie sich nieder und wartete und wartete still in der weißen
Nacht, ärgerlich nach dem Nordwind horchend, der sich in

den oberen Höhen der Berge mit entferntem Heulen aufmachte, dann zu einem schrecklichen Crescendo der Wut anschwoll und herunterbrauste, dicke Schwaden von Schnee wie eine Wolke grimmiger Vögel in die Täler und Schluchten jagend. Die Katze befand sich an der Flanke eines Berges auf einem bewaldeten Plateau. Wenige Meter über ihr stieg die Felswand so jäh auf wie die Mauer einer Kathedrale. Die Katze hatte den Berg nie bestiegen – Bäume waren die Führer zu den Höhen ihres Lebens. Oft hatte sie die Felswand mit Verwunderung betrachtet und bitter und grollend miaut, wie man es tut gegenüber Dingen, die uns von der Vorsehung versagt sind. Zu ihrer Linken war der steile Abgrund. Hinter ihr war der gefrorene senkrechte Fall eines vom Berge kommenden Flusses, mit einem schmalen bewaldeten Streifen dazwischen. Vor ihr war der Weg zu ihrem Zuhause. Sobald das Kaninchen herauskam, sollte es gefangen werden; seine kleinen gespaltenen Füße konnten solche ungebrochenen Stufen nicht erklettern. Also wartete die Katze. Der Platz, an dem sie sich befand, sah aus, als wäre ein Malstrom darüber hinweggetobt. Verkrüppelte, ineinander verschlungene Bäume und Büsche krochen die Flanke des Berges empor, sich mühselig anklammernd. Krumm, abenteuerlich verrenkt, umarmten ihre Zweige krampfhaft alles, was einen Anhalt bot. Das Ganze wirkte seltsam und pittoresk, als wäre es vor Menschenaltern von einem Strom rasenden Wassers durcheinandergewirbelt worden. Nur daß es nicht Wasser, sondern der Sturm gewesen war, der alles zu diesem Wirrwarr verschlungen und verknotet hatte. Und jetzt breitete sich der Schnee über all dies Unentwirrbare, über Pflanzen, Gestein, abgestorbene Äste und Ranken. Wie Rauch wehte es herunter vom Kamm des Berges; es stand wie eine kreisende Säule, als erschiene etwas wie ein Geist im Totentanz der Natur über der Ebene, dann stürzte es sich über den Rand des Abgrundes hinab. Die Katze kauerte vor diesem wilden Unentrinnbaren dicht am Boden und baute auf diesen Umstand. Es war, als ob Eisnadeln ihre Haut durchstächen, durch ihr wundervoll dichtes Fell hindurch; doch sie wich und wankte nicht und klagte nicht. Sie konnte durch Schreien nichts gewinnen, aber alles verlieren; denn das Kaninchen würde sie ja schreien hören und dann wissen, daß sie hier wartete.

Dunkler und dunkler wurde es, seltsamer weißer Qualm wogte auf, trotz der natürlichen Schwärze der Nacht, einer Nacht voll Sturm und Tod. Die Berge waren alle verborgen, eingehüllt, furchteinflößend, selbst überwältigt von dem Orkan. Jedoch mitten in dem Inferno wartete, völlig unbesiegt, diese verkörperte, unbeirrbare lebendige Geduld und Kraft unter einem dünnen Panzerhemd von grauem Fell.

Ein heftiger Windstoß fuhr über den Felsen, blies einen gewaltigen Wirbel über das Plateau, stürzte in den Abgrund.

Dann sah die Katze zwei Augen, leuchtend vor Schrecken, wie irr im Impuls zur Flucht. Sie sah eine winzige, zitternde, hervorschnuppernde Nase, sah zwei aufgestellte Ohren, und sie wartete noch, alle empfindlichen Nerven und Muskeln gespannt wie Drähte.

Jetzt kam das Kaninchen heraus – es war nur ein Hauch von Flucht und Angst –, und die Katze hatte es.

Hierauf lief die Katze nach Hause, die Beute durch den Schnee schleifend.

Die Katze lebte in dem Haus, das ihr Herr gebaut hatte, so roh wie das Blockhaus eines Kindes; aber es war zuverlässig. Der Schnee lag schwer auf der niedrigen Schräge seines Daches, konnte sich aber nicht darunter festsetzen. Die beiden Fenster und die Tür waren verriegelt; dessenungeachtet wußte die Katze, wie sie hineinkommen konnte. Sie kletterte auf eine Fichte hinter dem Haus, obwohl das schwierig war mit dem schweren Kaninchen, und schlüpfte durch ein kleines Loch unter der Dachrinne; dann glitt sie über eine Leiter in das Zimmer darunter und sprang mit einem lauten

Triumphschrei auf ihres Herrn Bett. Aber ihr Herr war nicht da. Er war im frühen Herbst weggegangen, und jetzt war es Februar. Vor dem Frühjahr würde er nicht zurückkommen. Er war ein alter Mann; die grausame Kälte des Gebirges setzte ihm zu sehr zu. Daher hatte er den Winter über in einer Siedlung Zuflucht gesucht. Die Katze wußte seit langem, daß ihr Herr fort war; aber ihr Verstand folgerte immer, daß Gewesenes wieder sein konnte. Obendrein hatte sie die wunderbare Kraft, warten zu können. So kam sie stets nach Hause in der Erwartung, ihren Herrn wiederzufinden.

Als sie sah, daß er noch nicht zurückgekehrt war, schleppte sie das Kaninchen auf das grob gezimmerte Lager, das das Bett darstellte, hielt mit einer Pfote den Kadaver fest und fing an zu fressen, den Kopf seitlich haltend, um ihre kräftigsten Zähne zur Anwendung zu bringen.

Im Haus war es dunkler als im Wald draußen, und die Kälte war genauso tödlich, wenn auch nicht ganz so beißend. Hätte die Katze ihr dickes Fell nicht ohne besondere Bitte von der Vorsehung erhalten, so hätte sie Dankbarkeit gefühlt, es zu besitzen. Es war fleckig grau mit etwas Weiß an Brust und Füßen und so dick, wie ein Pelz nur sein kann.

Der Wind peitschte den Schnee mit solcher Gewalt gegen die Fenster, daß es knatterte wie Hagel. Das Haus erzitterte vom Sturm. Dann vernahm die Katze plötzlich ein Geräusch. Sie hörte auf, an dem Kaninchen zu fressen, und lauschte, die leuchtenden grünen Augen auf ein Fenster gerichtet. Sie vernahm einen heiseren Aufschrei, einen Laut voll Verzweiflung und Flehen; aber sie wußte, daß es nicht ihr Herr war, der heimkam, und sie wartete, eine Pfote noch auf dem Kaninchen. Als der Schrei sich wiederholte, antwortete die Katze. Sie sagte alles, was wesentlich war, ganz ehrlich nach ihren eigenen Begriffen. In ihrem Antwortruf war Frage, Auskunft, Warnung, Schrecken; und endlich das Angebot der Kameradschaft; jedoch der Mann draußen konnte es wegen des heulenden Sturmes nicht hören. Dann gab es einen lauten Stoß an der Tür, noch einen und noch einen. Die Katze zog ihr Kaninchen unter das Bett. Die Stöße folgten einander schneller und fester. Es war ein schwacher Arm, der sie tat; aber er wurde von Verzweiflung angetrieben. Endlich gab das Schloß nach, und der Fremde kam herein. Die Katze blickte unter dem Bett hervor, blinzelte mit einem plötzlichen Aufleuchten, und ihre grünen Augen verengten sich. Der Fremde zündete ein Streichholz an und sah sich um. Die Katze erblickte ein Gesicht, das blau und verwüstet war vor Hunger und Kälte, und einen Mann, der ärmer und älter aussah als ihr armer alter Herr, einen Mann, den die Menschen verstoßen hatten wegen seiner Armut und wegen trüber Geheimnisse in seiner Vergangenheit. Sie hörte einen gemurmelten, unverständlichen schmerzlichen Laut aus der rauhen Kehle. Beides lag darin, Gottlosigkeit und Gebet. Aber davon verstand die Katze nichts.

Der Fremde befestigte die Tür, die er aufgebrochen hatte, nahm etwas Holz vom Vorrat im Winkel und zündete ein Feuer an in dem alten Ofen, so schnell er es mit seinen halberfrorenen Händen zustande brachte. Er zitterte so bemitleidenswürdig, während er arbeitete, daß die Katze unter dem Bett die Erschütterung fühlte. Dann setzte sich der Mann in einen der alten Stühle und kauerte sich an das Feuer, als wäre es die einzige Liebe und der einzige Wunsch seiner Seele. Seine gelben Hände hielt er darüber wie gelbe Klauen. Er war klein und schwach und gezeichnet mit den Schrecken des Leidens, die er über sich gebracht hatte. Er stöhnte. Die Katze kam unter dem Bett hervor und sprang auf seinen Schoß mit dem Kaninchen im Maul. Der Mann schrie auf. Er war zutiefst erschrocken; er sprang auf, die Katze glitt auf den Boden, das Kaninchen hatte sie fallen lassen. Der Mann lehnte sich an die Wand, keuchend vor Angst, geisterhaft bleich. Die Katze packte das Kaninchen beim Nackenfell und legte es dem

Mann vor die Füße. Dann stieß sie ihren schrillen Schrei aus und wölbte den Rücken; ihr Schwanz war wie eine prachtvoll wehende Feder. Sie strich an den Füßen des Mannes entlang, die aus den abgenutzten Schuhen hervorlugten.

Der Mann schob die Katze weg, ziemlich sanft, und durchsuchte die ganze Hütte. Er kletterte sogar die Leiter zum Speicher empor, riß ein Streichholz an und spähte angestrengt in die Dunkelheit. Er fürchtete, daß irgendwo ein Mensch verborgen wäre, weil eine Katze da war. Seine Erfahrungen mit Menschen waren nicht angenehm gewesen, genausowenig wie die Erfahrungen der Menschen mit ihm. Er war ein alter Wanderer, hatte das Glück gehabt, auf die Hütte eines Genossen zu stoßen, und war nun heilfroh, daß dieser Genosse nicht zu Hause war. Er ging zu der Katze zurück, bückte sich mit steifen Gliedern und streichelte ihren Buckel, den sie gewölbt hatte wie einen Bogen.

Dann nahm er das Kaninchen auf und betrachtete es im Licht des Feuers. Seine Kinnbacken arbeiteten, als hätte er es am liebsten roh verschlungen. Er suchte überall – die Katze folgte ihm auf Schritt und Tritt –, kramte auf einigen roh zubehauenen Regalen und einem Tisch und fand mit einem zufriedenen Grunzen eine mit Petroleum gefüllte Lampe. Er zündete sie an. Dann fand er auch eine Bratpfanne und ein Messer. Er häutete das Kaninchen und machte es zurecht. Die Katze strich unentwegt um seine Füße.

Als der Duft des Bratens durch die Hütte zog, sahen sie beide, der Mann und die Katze, geradezu wölfisch gierig aus. Der Mann wendete den Braten mit der einen Hand und bückte sich, um mit der anderen die Katze zu streicheln. Sie liebte ihn von ganzem Herzen, obwohl sie ihn erst so kurze Zeit kannte und obwohl der Mann ein Gesicht hatte, mitleiderregend und verschlagen zugleich, im Widerspruch stehend mit dem Besten aller Dinge. Das mürrische Grau des Alters hatte es gezeichnet, die Wangen waren vom Fieber ausgehöhlt, in den trüben Augen stand die Erinnerung an böse Dinge; jedoch die Katze erkannte den Mann ohne Vorbehalt an und liebte ihn. Als das Kaninchen halb gar war, waren weder der Mann noch die Katze imstande, länger zu warten. Der Mann nahm den Braten vom Feuer, teilte ihn genau in zwei gleich große Stücke, gab der Katze das eine und nahm selbst das andere. Dann aßen sie. Danach blies der Mann das Licht aus, rief die Katze zu sich, zog die zerlumpten Decken hoch und schlief ein mit der Katze an der Brust.

Während des ganzen restlichen Winters war der Mann der Gast der Katze, und der Winter im Gebirge ist lang. Der rechtmäßige Besitzer der kleinen Hütte kehrte nicht vor Mai zurück. In dieser ganzen Zeit mühte sich die Katze schwer ab und wurde selbst ziemlich mager; denn sie teilte alles mit ihrem Gast, ausgenommen die Mäuse, die sie fing. Zuweilen war die Ausbeute kärglich; und die Frucht der Geduld von Tagen reichte kaum für zwei. Der Mann war krank und schwach und nicht imstande, viel zu essen, was ein rechtes Glück war, da er nicht selbst auf die Jagd gehen konnte. Den ganzen Tag lag er auf dem Bett, oder er saß über das Feuer gebückt. Es war eine gute Sache, daß das Brennholz wegnahmebereit dalag, keinen Steinwurf weit vom Hause entfernt; er brauchte es lediglich heranzuholen.

Die Katze versorgte ihn unermüdlich. Manchmal blieb sie tagelang weg; anfangs war der Mann ängstlich, weil er fürchtete, sie würde überhaupt nicht zurückkehren; aber dann hörte er den gewohnten Schrei, kam mühsam auf die Füße und ließ sie herein. Dann aßen die beiden zusammen, teilten immer zu gleichen Teilen; die Katze blieb im Haus und schnurrte und schlief in den Armen des Mannes.

Als der Frühling nahte, wurde die Jagd ergiebiger. Mehr Kleinwild ließ sich verlocken, aus dem Versteck zu kommen, sowohl auf der Suche nach Liebe als auch nach Nahrung. Eines Tages hatte die Katze besonderes Glück: Sie fing ein

Kaninchen, ein Rebhuhn und eine Maus. Sie konnte gar nicht alles zugleich tragen; aber endlich hatte sie doch alles beisammen vor der Haustür. Sie schrie wie gewöhnlich; aber niemand antwortete. Alle Bergflüsse waren jetzt vom Eis befreit, und die Luft war voll vom Brausen vieler Wasser, gelegentlich übertönt vom Vogelgezwitscher. Die Bäume rauschten mit einem ganz neuen Laut im Frühlingswind. Da war ein Blütenmeer von Rosa und Goldgrün an der Wand eines entfernten Berges, durch eine Waldlichtung hindurch konnte man es sehen. Die Spitzen der Sträucher waren geschwollen und glänzend rot, und hier und da leuchtete schon eine Blüte; jedoch die Katze hatte keinen Sinn für Blumen. Sie stand neben ihrer Beute vor der Haustür und schrie und schrie, mit ihrem beharrlichen Ausdruck von Triumph, Klage und Rechtfertigung. Niemand kam, um sie einzulassen. Da ließ sie ihre Schätze vor der Tür liegen, lief ums Haus herum nach hinten zu der Fichte, kletterte mit Hast die Zweige hinauf, stieg durch das kleine Loch im Haus hinein und rannte über die Leiter in das Zimmer hinunter – es war leer, der Mann war fort!

Die Katze schrie wieder, die Klage des Tieres nach menschlicher Gesellschaft, die einer der traurigsten Laute in der Welt ist. Sie suchte in allen Winkeln. Sie sprang auf den Stuhl am Fenster und blickte hinaus; aber niemand kam. Der Mann war weggegangen, er kam niemals wieder.

Die Katze fraß ihre Maus auf dem Rasen neben dem Haus. Das Kaninchen und das Rebhuhn schaffte sie mit großer Mühe hinein. Allein, der Mann kam nicht, ihre Beute mit ihr zu teilen. Endlich, im Verlauf von ein oder zwei Tagen, fraß sie die Tiere allein; dann schlief sie lange Zeit auf dem Bett, und als sie erwachte, war der Mann immer noch nicht da.

Hierauf ging die Katze wieder fort zu ihren Jagdgründen und kam abends mit einem Vogel nach Hause. In ihrer unerschütterlichen Zuversicht nahm sie an, daß der Mann jetzt da sein würde, und da war tatsächlich ein Licht im Fenster. Als sie schrie, öffnete ihr erster Herr und ließ sie herein. Dieser Mann hielt gute Kameradschaft mit ihr; aber er hatte keine Zärtlichkeit für sie. Er streichelte sie nie wie jener andere, so viel sanftere Ausgestoßene; aber er war stolz auf sie und trug, wenn er da war, Sorge für ihr Wohlergehen, obwohl er sie ohne Skrupel den ganzen Winter sich selbst überlassen hatte. Er hatte keine Angst, daß ihr ein Mißgeschick zugestoßen sein könnte, weil sie so groß und kräftig war und ein so mächtiger Jäger. Als er sie daher vor der Tür erblickte in der Pracht ihres herrlichen Felles, mit dem Weiß an der Brust und im Gesicht, das strahlte wie Schnee in der Sonne, leuchtete sein Gesicht in freudigem Willkommensgruß auf, und die Katze umstrich seine Füße mit ihrem vor glücklichem Schnurren bebenden Körper.

Die Katze konnte ihren Vogel ganz allein für sich verspeisen; ihr Herr hatte sein eigenes Abendbrot, das schon auf dem Herd brutzelte. Nach dem Essen nahm der Besitzer der Katze seine Pfeife und suchte einen kleinen Tabakvorrat, den er wintersüber in seiner Hütte gelassen hatte. Er hatte oft daran gedacht; dies und die Katze waren gute Gründe gewesen, im Frühling nach Hause zu kommen. Jedoch der Tabak war fort, kein Stäubchen war übriggeblieben. Der Mann fluchte ein bißchen, grimmig, aber eintönig und nebensächlich, was der Gottlosigkeit einen Teil ihrer Wirkung nahm. Er war von jeher ein schwerer Trinker gewesen und war es noch; er hatte auf die Welt losgeschlagen, bis sich die Narben ihrer scharfen Ecken seiner ganzen Seele eingeprägt hatten. Er war dadurch hart geworden, sein ursprünglich sehr weiches Gefühl war abgestumpft. Er war ein sehr alter Mann. Er suchte nach dem Tabak mit stumpfer Beharrlichkeit. Dann blickte er mit einfältiger Verwunderung im Zimmer herum. Plötzlich fiel ihm Verschiedenes auf, das sich geändert hatte. Die zweite Ofentür war entzwei, ein alter Teppichfetzen war vor ein Fenster gehängt, um die Kälte abzuhalten; sein Feuerholz war fort. Er schaute hin – da war auch kein Petroleum mehr in seiner Lampe. Er blickte nach den Decken auf seinem Bett, hob sie auf, und wieder gab er den merkwürdigen, gedankenschweren Ton von sich.

Dann suchte er noch einmal nach seinem Tabak.

Endlich gab er es auf. Er setzte sich ans Feuer, denn der Mai ist im Gebirge noch kalt. Er hielt die leere Pfeife im Mund; seine rauhe Stirn faltete sich.

Er und die Katze sahen einander an durch die Mauer des Schweigens, die seit Erschaffung der Welt zwischen Mensch und Tier errichtet ist.

Noch einmal die Katze

Kann mir jemand erklären, warum es die Katze in seltsamer Weise erregt, wenn man sehr hoch und dünn pfeift? Ich habe das Phänomen an englischen, italienischen und deutschen Katzen erprobt. Es gibt keinen geographischen oder nationalen Unterschied. Besonders wirksam ist die hoch und dünn gepfiffene Barcarole aus »Hoffmanns Erzählungen«. Da beginnt Miez sich fasziniert an Ihnen zu reiben, springt Ihnen auf den Schoß, beschnuppert erstaunt Ihre Lippen und beginnt zuletzt in einer Art gereizter Liebe an Ihrem Mund oder an Ihrer Nase zu nagen, wobei sie verderbt wollüstig dreinschaut. Worauf Sie das Pfeifen natürlich einstellen und Miez heiser und emsig wie ein kleiner Motor zu schnurren anhebt.

Ich habe oft und lange darüber nachgedacht, doch weiß ich bis heute nicht, welch uralter Trieb die Katze zwingt, Pfeifen zu vergöttern. Ich glaube nicht, daß es irgendwann in der Urzeit so war, daß Kater dünn pfiffen, statt mit ehernem und rauhem Bariton zu rufen, wie sie es jetzt tun. Vielleicht gab es in alten, wilden Zeiten irgendwelche Katzengötter, die zu den gläubigen Katzen durch magisches Pfeifen sprachen. Doch das ist nur eine Hypothese, und die erwähnte musikalische Verzauberung bleibt eines der Geheimnisse der Katzenseele.

Katzen lernt man so kennen wie Menschen. Glaubt man. Die Katze ist eine Sache, die eingeringelt auf dem Lehnstuhl liegt, manchmal ihren Katzeninteressen nachstrolcht, einen Aschenbecher herunterwirft und die meiste Zeit in leidenschaftlichem Genuß von Wärme zubringt.

Doch das Geheimnis des Katzenwesens lernte ich erst in Rom kennen, und zwar darum, weil ich dort nicht eine Katze beobachtete, sondern fünfzig, eine ganze Katzenherde. Es war im großen Katzenbassin am Trajan-Forum, wo zwischen gestürzten Sockeln und Statuen das unabhängige Katzenvolk lebt. Sie nähren sich von Fischköpfen, die ihnen gutmütige Italiener zuwerfen, und tun sonst offensichtlich nichts.

Nun, dort wurde mir klar, daß die Katze nicht einfach eine Katze ist, sondern etwas Rätselhaftes und Undurchdringliches. Daß die Katze ein wildes Tier ist. Wenn man zwei Dutzend Katzen schreiten sieht, überrascht einen die plötzliche Erkenntnis, daß sie nicht schreiten, sondern schleichen. Die Katze ist unter Menschen nur Katze. Die Katze unter Katzen ist ein schleichender Schatten im Dunkel des Dschungels. Die Katze hat zum Menschen offenbar Vertrauen. Der Katze aber mißtraut sie, weil sie sie besser kennt als wir. Man sagt »Hund und Katze« und meint damit einen Typ gesellschaftlichen Mißtrauens. Nun, ich habe oft intime Freundschaft zwischen Hund und Katze, niemals aber Gleiches unter Katzen beobachtet, von der Liebe der Geschlechter natürlich abgesehen.

Die Katzen auf dem Trajan-Forum ignorieren einander ganz augenfällig. Wenn sie auf einer Säule sitzen, tun sie dies mit dem Rücken gegeneinander und zucken nervös mit dem Schweif, um solcherart kundzutun, wie unliebsam sie die Gesellschaft der Schlampe da empfinden. Wenn eine Katze die andere ansieht, zischt sie sogleich. Wenn sie einander begegnen, gibt es kein Umsehen. Sie kennen kein gemeinsames Interesse. Sie haben sich nie etwas zu sagen. Im äußersten Falle vertragen sie sich unter verächtlichem und abweisendem Schweigen.

Aber mit dir, Mensch, spricht die Katze. Sie gurrt dich an, sie blickt dir in die Augen und sagt: »Öffne mir, Mensch, die Türe da! Gib mir, du Vielfraß, etwas von deinem Essen. Sag etwas. Streichle mich. Laß mich auf meinen Lehnstuhl.« – Für dich ist sie kein wilder, einsiedlerischer Schatten. Für dich ist sie einfach die Hausmiez, weil sie dir vertraut. Das wilde Tier ist ein Tier, das mißtraut. Die Domestikation ist einfach der Zustand des Vertrauens.

Aber auch wir Menschen sind nur dann nicht wild, wenn wir vertrauen. Wenn ich – angenommen beim Verlassen des Hauses – dem ersten biederen Bürger, dem ich begegne, mißtraute, würde ich dumpfe Gurgeltöne hervorbringen und während der Annäherung die Sprungsehnen meiner Schenkel spannen, um ihm beim ersten verdächtigen Zwinkern an die Gurgel zu springen. Wenn ich den Leuten mißtraute, mit denen ich in der Straßenbahn fahre, müßte ich mich mit dem Rücken zu ihnen drehen und schnauben, um sie zu verscheuchen. Statt dessen hänge ich demütig und friedlich am Haltegriff und lese meine Zeitung und biete ihnen meine ungedeckte Flanke. Auf der Straße gehend, denke ich an meine Arbeit oder an gar nichts – wenn das nur möglich wäre! – und schere mich nicht darum, was mir die Passanten etwa antun könnten. Es wäre schrecklich, wenn ich sie aus dem Augenwinkel beobachten müßte, um festzustellen, ob sie sich vielleicht anschicken, mich zu fressen. Der Zustand des Mißtrauens ist der Urzustand der Wildheit. Mißtrauen ist das Gesetz des Dschungels.

Eine Politik, die von der Pflege des Mißtrauens lebt, ist eine Politik der Wildnis. Eine Katze, die dem Menschen mißtraut, sieht in ihm nicht einen Menschen, sondern ein wildes Tier. Das Band gegenseitigen Vertrauens ist älter als alle Zivilisation, und Menschheit bleibt Menschheit. Zerstört ihr den Zustand des Vertrauens, wird die Welt der Menschen eine Welt von Bestien.

Und damit ihr es wißt: Ich gehe jetzt hin und streichle meine Miez. Sie gewährt mir großen Trost, denn sie vertraut mir, und wenn sie auch nur ein kleines graues Tier ist, das sich zu mir aus irgendeinem Hinterhof verirrt hat, sind wir doch Kameraden.

Sie schnurrt und blickt mich an. »Mensch«, sagt sie, »kraule mich zwischen den Ohren!«

ELKE HEIDENREICH
Liebe Klara

Sainte Luce,
10. September 1989

Liebe Klara,

so weit und so lange waren wir noch nie getrennt, und noch
weiß ich nicht, ob Du mir fehlst. Es ist gar nicht schlecht, sich
nachts im Bett in alle Richtungen strecken zu können – wenn
Du auf der Decke liegst, kriege ich dafür stets ein so böses
Knurren und ein so giftiges Fauchen, daß ich mich schon
längst nicht mehr traue, bequem zu liegen. Es ist auch angenehm, beim Frühstück Zeitung lesen zu können – Du hast ja
so eine Art, Dich immer gerade auf das Blatt zu legen, das ich
lesen will, und daß nicht alles, was ich auf meinem Teller
habe, mit dieser Mischung aus Neid und Mißfallen angeglotzt
wird, das genieße ich auch.

Ich will damit nicht etwa sagen, daß ich froh wäre, Dich für
eine Weile los zu sein, liebe Klara. Aber in letzter Zeit hast Du
mich zunehmend an Mutter erinnert, und das ist nicht erfreu-
lich, weißt Du. Als ich Dich damals nach ihr nannte: Klara – da
habe ich mir nicht viel dabei gedacht. Deinen richtigen Namen hast Du mir ja leider nie verraten, als Du in mein Leben
tratest – schon bejahrt, schon ziemlich dick, und nach Deinem
Zahnstein und Deiner etwas langweiligen Art zu schließen,
nach einem Leben mit Trockenfutter und Sofakissen. Fünf
Tage lang saß ich vor Dir und sagte alle Katzennamen auf, die
nur denkbar sind – Mizzi? Maunz? Pussi? Bella? –, und Du hast
mich stumm und streng angeschaut und gedacht: »An was für
eine Wahnsinnige bin ich denn jetzt geraten.« Reagiert hast
Du nur, als ich entnervt schrie: »Ja, heißest du denn vielleicht
Rumpelstilzchen?« Da hattest Du auf einmal diese aufgerisse-
nen Augen, wie Mutter, wenn ich als Kind mal in Zorn geriet,

kühl: »Wir wollen es nun doch aber nicht übertreiben.« So habe ich Dich Klara genannt, nach ihr.

Daß Du ihr nun immer ähnlicher wirst, ist eine Deiner Tücken. Ich meine nicht nur Deine Figur – weiß der Himmel, warum Du immer runder wirst! Ich stelle Dir Teller mit gesunder Kost in ausgetüftelten Mengen hin, aber in der Nähe muß eine Rentnerin wohnen, die Dir täglich Heilbutt in Butter dünstet – Du kommst ja oft genug satt und mit hochmütigem Gesicht nach Hause: »Woanders wird man noch geschätzt . . .«

Du hast Dir auch diese Art zugelegt, alles zu kritisieren, was ich mache. Öffne ich ein Fenster, mußt Du das Zimmer mit erhobenem Schwanz verlassen, weil es angeblich zieht. Hole ich den Staubsauger, fliehst Du aus dem Haus mir dem Satz: »Kann man denn nirgends etwas Ruhe haben?« Lege ich mich in die Badewanne, so hockst Du Dich auf den Rand, starrst angewidert ins Wasser und denkst: »So eine Afferei.« Ich kann Dir nichts recht machen. Mutter tut heute noch so, als hätte ich ihr emanzipiertes Frauenleben zerstört durch meine bloße Existenz. Und Du tust so, als seist Du bei mir von verlorenen Paradiesen in eine Hölle gekommen, oder sagen wir: in unzumutbare Wildnis. Du verzeihst es mir nicht, daß ich einen Garten habe und daß Du deine Würstchen jetzt da legen mußt und nicht mehr in eine Kiste mit weißem Sand, wie Du es wohl gewöhnt warst. Ich sehe Dich durch das nasse Gras staksen, zimperlich, die Pfoten hochziehend, damit es ja nicht pikt, und Du legst die Ohren an und wirfst mir vor, daß das Leben gefährlich für Dich geworden ist mit soviel NATUR. Einmal habe ich gesehen, wie Du Dich glücklich in der Sonne gewälzt und den Vögeln nachgeschaut hast. »Na, Klara«, habe ich gesagt, »nun gefällt es dir ja doch.« Du hast Dich umgedreht und bist böse ins Haus gegangen. Auch Mutter haßte es, wenn man sie dabei ertappte, daß ihr doch einmal etwas Freude machte.

134

Es ist nicht einfach, mit Dir zu leben, liebe Klara. Warum zum Beispiel legst Du Dich nur dann quer über meinen Schreibtisch, wenn Du klatschnaß aus dem Regen kommst? Ich habe immer das Gefühl, daß Du damit Deine Mißachtung für meine Arbeit ausdrücken willst. Oder ist das Deine verkorkste Art, doch eine Art Zuneigung zu zeigen? Einmal bin ich in Tränen ausgebrochen, weil Du mir ein so wichtiges Manuskript ruiniert hast – da bist Du auf meinen Schoß gesprungen, hast mich gekratzt und gesagt: »Mein Gott, bist du empfindlich, so war es doch nicht gemeint.« Wie Mutter. Als ich ein Kind war, habe ich ihr manchmal Briefchen, kleine Gedichte, Geschichten geschrieben. Sie sah sie an, nickte kurz, und dann ritschratsch weg damit – so machst Du es, wenn ich Dir ein Spielzeug mitbringe oder einen Wollball bastele: ein Blick, ein Tupfen mit der Pfote, und dann ein Hieb, daß das Ding in die hinterste Ecke fliegt, nie mehr beachtet wird: Schnickschnack. Brauchen wir nicht. Sentimentalitäten. Dummes Zeug.

Liebe Klara, und wie Du Dich aufgespielt hast, als Rosa zu uns kam! Rosa, die so still und bescheiden ist, die sich nie auf Deine Plätze legt, die nie von Deinem Teller frißt, die einen weiten Bogen um Dich macht und froh ist, daß sie bei uns wohnen kann – und Du? Du fauchst sie an, wenn sie heimkommt. Du legst Dich auf ihren Platz, Du vertreibst sie vom Sessel, wenn sie tief schläft, erschreckst sie zu Tode und hast Deinen Spaß daran. Du bist launisch, neidisch, berechenbar. Man weiß nie, ob Du zu einer zärtlichen Geste oder zu einer gezielten Ohrfeige ausholst. Du bist kleinlich, leicht und ausdauernd beleidigt, und ich sehe Dich oft an, wie ich Mutter früher angesehen habe, wenn sie mich stundenlang nicht beachtete, und denke: »Ob sie mich überhaupt mag?«

Ich würde Rosa gern grüßen lassen, aber Du richtest es ja doch nicht aus. Rosa zu schreiben hat keinen Zweck, sie kann ja nicht lesen, sie zerträumt den Tag im Garten, während Du schon längst auf dem Briefkasten sitzt und nachschaust, wer geschrieben hat. Einmal habe ich Dich vor meinem Tagebuch sitzen sehen. Mutter hat auch immer in meinen Tagebüchern gelesen, und Du hast mich mit ihrem klaren kühlen Blick angeschaut, als ich ins Zimmer kam: »Du findest dich wohl sehr sehr wichtig, was?«

Ich habe hier eine schmale graue Katze kennengelernt, die niemandem gehört. Ich nenne sie Lina und stelle ihr zu essen hin, aber anfassen darf ich sie nicht. Am Nachmittag liegen wir zusammen auf der Terrasse, ich im Liegestuhl und Lina auf den warmen Fliesen, und dann schauen wir aufs Meer hinaus, und ich erzähle von Dir. Solche Katzen wie Dich kennt sie nicht – so selbstbewußt, so streng, so wichtig. Sie ist es nicht gewöhnt, daß der Tisch immer gedeckt ist. Hier sind die Winter hart, die Steinwürfe nach streunenden Katzen zahlreich, hier schleicht man sich rasch und lautlos an den Küchen vorbei. Du schleichst nie. Du bist als Königinmutter geboren, Du hast den Gang, der alle strammstehen läßt, Königin Klara die Erste, danach kommt lange nichts, dann ich – als Dienstmädchen.

Einmal, als ich wirklich krank war, bist Du Tag und Nacht nicht von meinem Bett gewichen. Ich träumte von früher und daß Mutter mir einmal besorgt die Hand auf die heiße Stirn gelegt hat, aber als ich danach greifen wollte, zog sie sie zurück. Und Du, Klara, hast plötzlich mit Deiner rauhen Zunge meine Hand geleckt, und dabei hast Du geschnurrt. Ich habe fest die Augen zugekniffen und so getan, als merkte ich nichts. Du erträgst es ja nicht, daß man Dich bei Deiner Zuneigung erwischt. Das kenn' ich schon, Klara, damit kann ich leben.

Du, die Du mir die Liebste bist.

Ich bringe Dir ein sehr schönes geflochtenes Körbchen mit. Du wirst es verstimmt ansehen und Dich nur hineinlegen, wenn ich nicht da bin. Ich werde es merken an den schwarzweißen Haaren auf dem Kissen – unsere Rosa ist rot. Du wirst das Körbchen jedoch niemals auch nur beachten, wenn ich im Zimmer bin. Es ist gut so.

Liebe Klara, es geht mir gut. Die Sonne scheint, das Meer rauscht, ich esse exotische Früchte. Ab heute noch eine Woche, dann bin ich zurück.

Du fehlst mir so sehr.

KAREL ČAPEK
So denkt die Katze, S. 102; *Noch einmal die Katze*, S. 129; aus: Meine Hunde, meine Katzen. Bearbeitet und übersetzt von Walter Matos. Eduard Wancura Verlag, Wien/Stuttgart 1960.

T. S. ELIOT
Wie heißen die Katzen, S. 9; aus: Old Possums Katzenbuch. Nachdichtung aus dem Englischen von Erich Kästner. © Suhrkamp Verlag Frankfurt am Main 1977.

JOHANN WOLFGANG GOETHE
Die betende Katze, S. 35; aus: Italienische Reise I. In: Sämtliche Werke. Band 15/1. Herausgegeben von Christoph Michel und Hans-Georg Dewitz. Deutscher Klassiker Verlag Frankfurt am Main 1993.

MAXIM GORKI
Sasubrina (übersetzt von Bodo von Lossberg), S. 59; aus: Die schönsten Katzengeschichten. Diogenes Verlag AG Zürich, 1973.

ELKE HEIDENREICH
Liebe Klara, S. 133; aus: Von Katzen und Menschen. Herausgegeben von Julia Bachstein. © Frankfurter Verlagsanstalt GmbH, Frankfurt am Main 1990.

JAMES JOYCE
Die Katze und der Teufel, S. 56; aus: Werke. Frankfurter Ausgabe in sieben Bänden. Redaktion Klaus Reichert unter Mitwirkung von Fritz Senn. Band 7: Briefe III. Herausgegeben von Richard Ellmann. Aus dem Englischen von Fritz Senn. © Suhrkamp Verlag Frankfurt am Main 1974.

RUDYARD KIPLING
Die Katze geht ihre eigenen Wege, S. 22; aus: Das kommt davon. In:

MARY E. WILKINS FREEMAN
Die Katze, S. 119; aus: Era Zistel (Hg.), Liebe zu Katzen. Katzenge-
schichten aus aller Welt. Müller Rüschlikon Verlags AG, Ch-6330
Cham.

ÉMILE ZOLA
Das Katzenparadies, S. 16; aus: Gesammelte Novellen in zwei Bän-
den. Erster Band. Aus dem Französischen von Hans Jacob. ©
Gustav Kiepenheuer Verlag GmbH, Leipzig; 1921, 1991.

»Die schönsten Katzengeschichten«
im insel taschenbuch

Auf samtweichen Pfoten. Katzengeschichten. Ausgewählt von Günter Berg und Jutta Kugler. it 2763. 120 Seiten

E. T. A. Hoffmann. Lebensansichten des Katers Murr, nebst fragmentarischer Biographie des Kapellmeisters Johannes Kreisler in zufälligen Makulaturblättern. Mit Illustrationen von Maximilian Liebenwein. it 2765. 512 Seiten

Bohumil Hrabal. Die Katze Autitschko. Übersetzt von Karl-Heinz Jähn. it 2766. 144 Seiten

Monica Huchel. Meine Katzen. it 2769. 160 Seiten

Gottfried Keller. Spiegel, das Kätzchen. Ein Märchen. it 2768. 96 Seiten

Komm, schöne Katze. Gedichte und Prosa. Herausgegeben von Hans Bender und Hans Georg Schwark. it 2770. 150 Seiten

Sôseki Natsume. Ich der Kater. Lebensansichten eines Katers. Übersetzt und mit einem Nachwort versehen von Otto Putz. it 2767. 672 Seiten

Antonia White. Minka und Löwenherz. Übersetzt von Leonore Schwartz. it 2764. 144 Seiten

NF 64/1/5.01